鎖国時代　海を渡った日本図

Maps of Japan Carried across Oceans during the Period of National Seclusion, 1636-1854

小林茂・永用俊彦・鳴海邦匡・臼井公宏・小野寺淳・立石尚之編
協力　古河歴史博物館

大阪大学出版会

はしがき

　江戸時代の日本では、行政や軍事のためたびたび地図が作られるようになり、そのなかには木版印刷により広く社会に普及するものもあらわれました。江戸や京都、大阪や長崎のような外来者の多い都市の地図のほか、日本全体を示す地図がおもに印刷され、販売されたのです。また手書きの図だけでなく、木版印刷の地図も多くが彩色され、その中には美しいものが少なくありません。

　江戸時代は、「鎖国時代」ともいわれ、日本人の海外渡航が禁止されるだけでなく、外国人の日本入国も厳しく制限されました。また外国人が国外に持ち出すものも制限されましたが、木版により印刷され、販売された地図については、規制はあまり厳しくなかったようで、その種の地図がヨーロッパに流出しました。大英図書館やフランス国立図書館のような大規模な図書館には、江戸時代に日本からきたと思われる地図がかなり残されていることは、それを示しています。

　ヨーロッパに持ち出された日本図についてもう一つ重要なのは、その一部について翻訳・複製が行われたことです。エキゾティックな図像を添えた翻訳・複製図は、アクセスの困難な日本に関する情報として歓迎され、彩色されたものも少なくありません。またこうした印刷図が、日本国内の印刷図の変化を追うようにして変化しました。さらにそうした地図に書かれた地名が音訳されたという点も注目されます。

　「鎖国時代　海を渡った日本図」と題するこの展覧会は、以上のようにヨーロッパで翻訳・複製された日本図を紹介することを目的に企画されました。この展覧会では、そうした地図の元図になった日本製の日本図もあわせて展示し、両者を比較しながら、翻訳・複製がどのように行われたか、さらには地名の音訳にはどのような苦労が伴ったか検討することをめざしています。これを通じて、日本図を通した文化交流がどのように進行したか、理解していただければ幸いです。

　こうした展覧会が古河歴史博物館で行われることになったのは、同館が鷹見泉石（1785－1858年）の収集地図を多数収蔵することを背景にしています。鷹見泉石は江戸時代末期の地図を収集するだけでなく、借用した多くの図の正確な写図を作成しました。その元図にはすでに失われてしまったと考えられるものもあり、これらも含めると鷹見泉石の収集資料は、江戸時代を通じた貴重な地図のコレクションとなっており、その中から関連するものを選択して展示しています。

　なお、東京で開催される国際地図学会に合わせて開かれるこの展覧会は、日本地図学会の後援を受けています。

鎖国時代 海を渡った日本図　目次

鎖国時代 海をわたった日本図　図版　　　　4
Maps of Japan Carried across Oceans during the Period of National Seclusion, 1636-1854   Maps and Figures

　１．江戸時代初期のヨーロッパで描かれた日本図　European Maps of Japan during the early Edo period ／ ２．日本で刊行された図のヨーロッパでの翻訳・複製（〜1800年）　Reproductions of Japanese maps in Europe up to 1800 ／ ３．長久保赤水「改正日本輿地路程全図」の登場　The appearance of Sekisui Nagakubo's new map of Japan. ／ ４．ヨーロッパの探検船による日本列島の測量　Surveys of Japanese Islands by Western exploratory ships ／ ５．ロシアでの「改正日本輿地路程全図」の翻訳・刊行　The map of Japan by Sekisui Nagakubo translated in Russia ／ ６．アロースミスの日本および千島列島図　Map of the Islands of Japan, Kurile &c. by Aaron Arrowsmith ／ ７．オランダ商館長ティツィングの「改正日本輿地路程全図」にみえる地名の音訳　Transliterations of place names in Sekisui Nagakubo's map of Japan by Isaac Titsingh, the chief of the Dutch factory of Nagasaki ／ ８．クラプロートの日本語表記研究とティツィング収集地名の改定　Klaproth's study of Japanese notation and revision of place names recorded by Titsingh ／ ９．クラプロートの地名研究をとりいれたクルーゼンシュテルン「日本帝国図」の作製　The preparation of Carte de l'Empire du Japon incorporated Klaproth's revised place names ／ １０．クルーゼンシュテルンの「日本帝国図」を元にする図の普及　The diffusion of maps adapted from Krusenstern's Carte de l'Empire du Japon ／ １１．日本で刊行された「改正日本輿地路程全図」の多様性　The diversity of imitations of Sekisui Nagakubo's map of Japan ／ １２．欧米製の日本図における伊能図の採用　The adoption of Tadataka Ino's map of Japan by Western cartographers

展示解説　　　　49

　１．江戸時代初期のヨーロッパで描かれた日本図／２．日本で刊行された図のヨーロッパでの翻訳・複製（〜1800年）／３．長久保赤水「改正日本輿地路程全図」の登場／４．ヨーロッパの探検船による日本列島の測量／５．ロシアでの「改正日本輿地路程全図」の翻訳・刊行／６．アロースミスの日本および千島列島図／７．オランダ商館長ティツィングの「改正日本輿地路程全図」にみえる地名の音訳／８．クラプロートの日本語表記研究とティツィング収集地名の改定／９．クラプロートの地名研究をとりいれたクルーゼンシュテルン「日本帝国図」の作製／10.クルーゼンシュテルンの「日本帝国図」を元にする図の普及／ 11．日本で刊行された「改正日本輿地路程全図」の多様性／12．欧米製の日本図における伊能図の採用／13．鎖国時代、海を渡った日本図

コラム「長久保赤水の日本図と伊能忠敬の日本図」　　　　78

展示資料目録　　　　80
　　The Catalogue of Materials and Images exhibited

Maps of Japan Carried across Oceans during the Period of National Seclusion,1636-1854　　　　84

あとがき　　　　91

凡例

1. 本書は、2019年7月13日（土）から9月1日（日）までの間、古河歴史博物館が開催する特別展示「鎖国時代　海を渡った日本図」の解説付き図版目録である。
2. 本書の番号と展示の配列順番とはと必ずしも一致しない。
3. 巻末「展示資料目録」に、国宝・重要文化財・古河市指定文化財等のように展示資料における指定文化財の区分を明記した。
4. 会期中、一部展示替えをおこなうものがある。

鎖国時代 海を渡った日本図

図 版

Maps of Japan Carried across Oceans during the Period of National Seclusion, 1636-1854
Maps and Figures

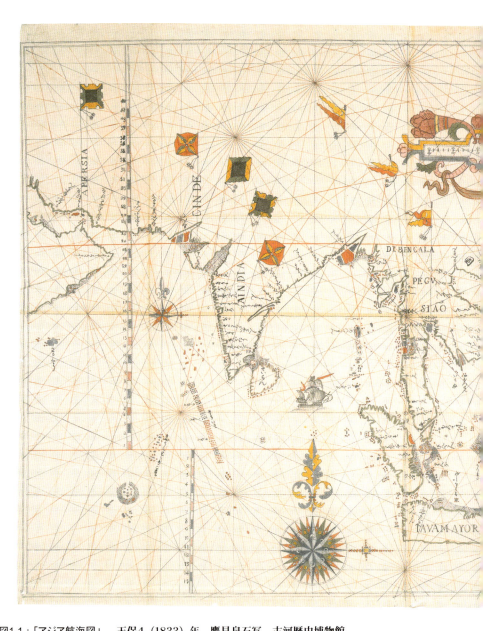

図1-1:「アジア航海図」　天保4（1833）年　鷹見泉石写　古河歴史博物館
Fig.1-1: A portolano of Asia copied by Senseki Takami in 1833. Koga City Museum of History.

1．江戸時代初期のヨーロッパで描かれた日本図
European Maps of Japan during the early Edo period

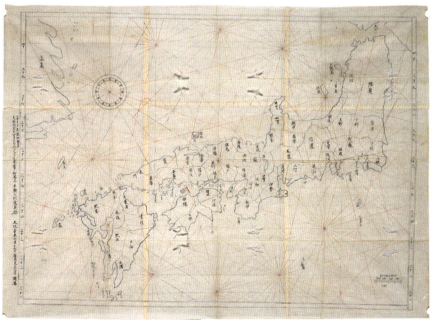

図1-2：「ヒロート之法加留多」　文化6（1809）年　鷹見泉石写　古河歴史博物館
Fig. 1-2: A portolano of Japan copied by Senseki Takami in 1809. Koga City Museum of History.

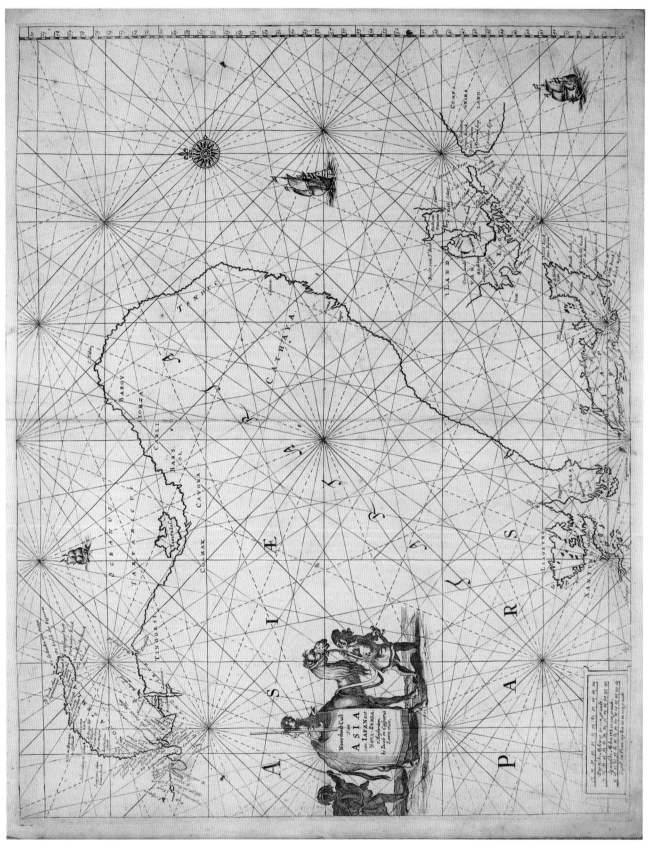

図1-3:「アジア北東岸:日本からノヴァヤゼムリャまで」 1798年 古河歴史博物館
Fig. 1-3: Iacob en Casparus Loots-Man, Northeast coast of Asia From Japan to Novaja Zemlja ("Noordoost Cust van Asia van Iapan tot Nova-Zemla"). 1798, Koga City Museum of History.

1．江戸時代初期のヨーロッパで描かれた日本図
European Maps of Japan during the early Edo period

図1-4：「おもな地域に描かれた最も精確なアジア」　1730年頃　古河歴史博物館
Fig. 1-4: Frederick de Witt (R.&I. Ottens), Exactissima Asiae Delineatio in Praecipuas Regiones. (ca. 1730), .Koga City Museum of History.

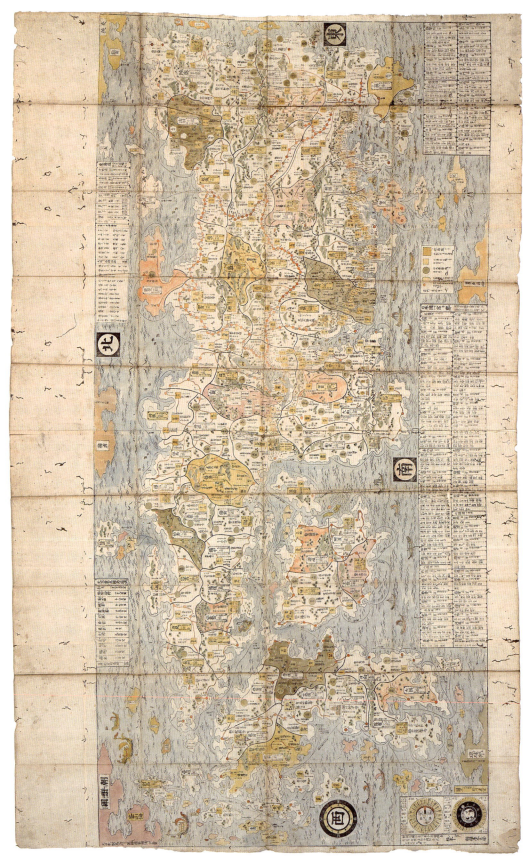

図2-1：石川流宣「新板大図日本海山湖陸図」　元禄7（1694）年　古河歴史博物館
Fig. 2-1: Tomonobu Ishikawa, A new edition of the map of Japan ("Shinpan Daizu Nihon Kaisan Ko Riku Zu"). 1694, Koga City Museum of History.

2. 日本で刊行された図のヨーロッパでの翻訳・複製（〜1800年）
Reproductions of Japanese maps in Europe up to 1800

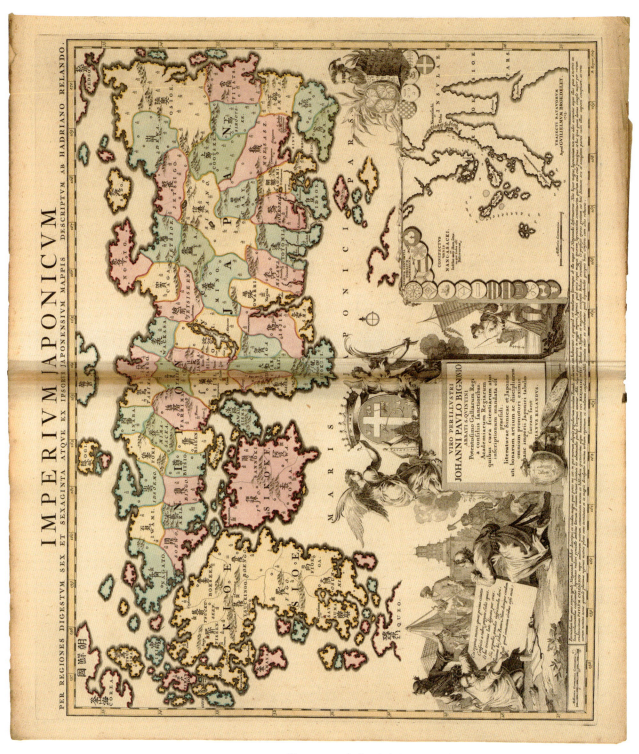

図2-2: レランド「日本帝国」 1715年 アメリカ議会図書館
Fig.2-2: Adriaan Reland, Imperivm Japonicum. 1715, Library of Congress.

図2-3:「延宝六年日本国図（新撰大日本図鑑）」　延宝6（1678）年　古河歴史博物館
Fig. 2-3: A new map of Japan published in 1678 ("Shinsen Dainihon Zukan"). Koga City Museum of History.

2．日本で刊行された図のヨーロッパでの翻訳・複製（〜 1800 年）
Reproductions of Japanese maps in Europe up to 1800

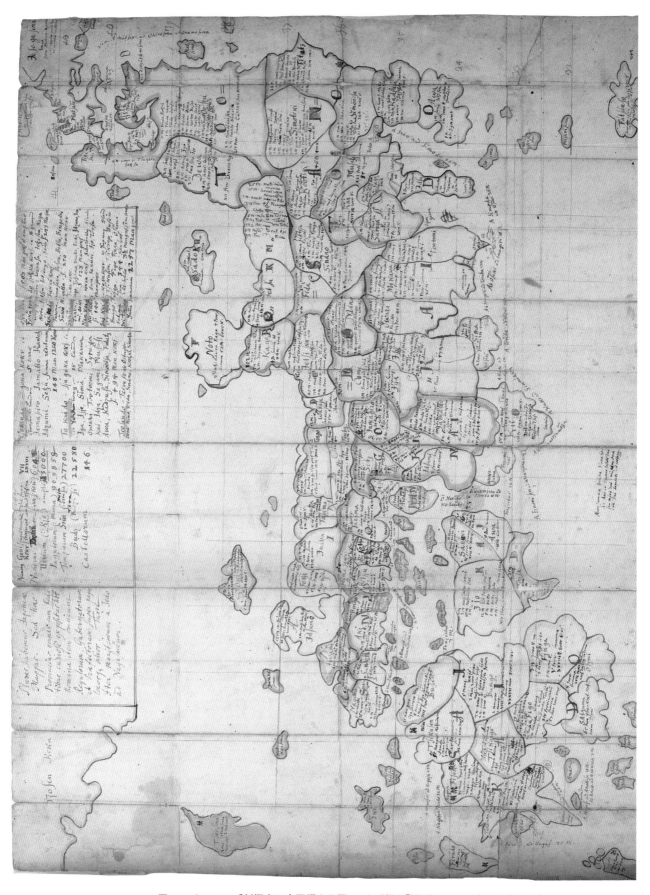

図2-4：ケンペル「新撰大日本図鑑を元図にした手描き翻訳図」 1692年 大英図書館
Fig. 2-4: The Map of Japan brought back by German naturalist Engelbert Kaempfer 1692. British Library

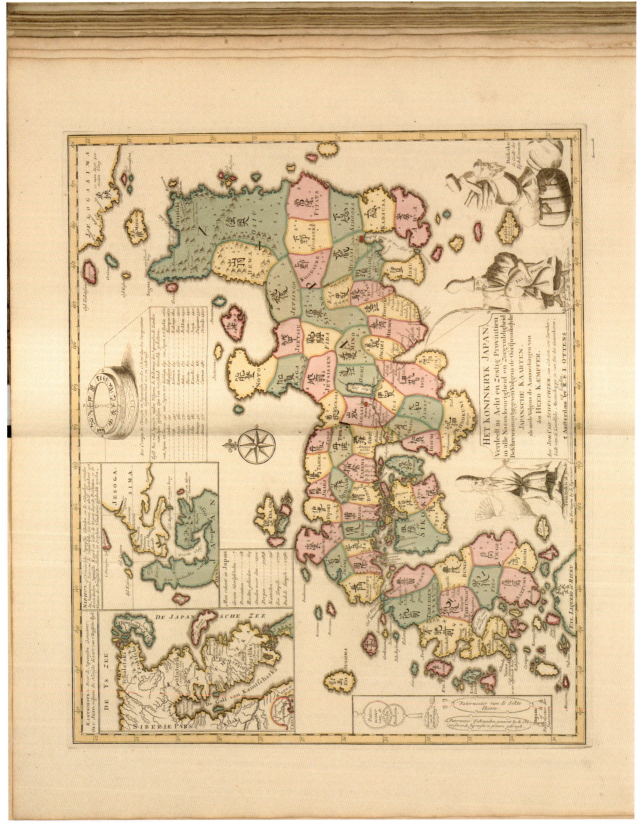

図2-5: ケンペル／ショイヒツァー「68地方に別れた日本帝国」 1740年頃 アメリカ議会図書館
Fig.2-5: Kempfer/Scheuchzer: The Kingdom of Japan divided into 68 provinces ("Het Koninkryk Japan Verdeelt in Acht en Zestig Provintien"). ca.1740, Library of Congress.

2．日本で刊行された図のヨーロッパでの翻訳・複製（～1800年）
Reproductions of Japanese maps in Europe up to 1800

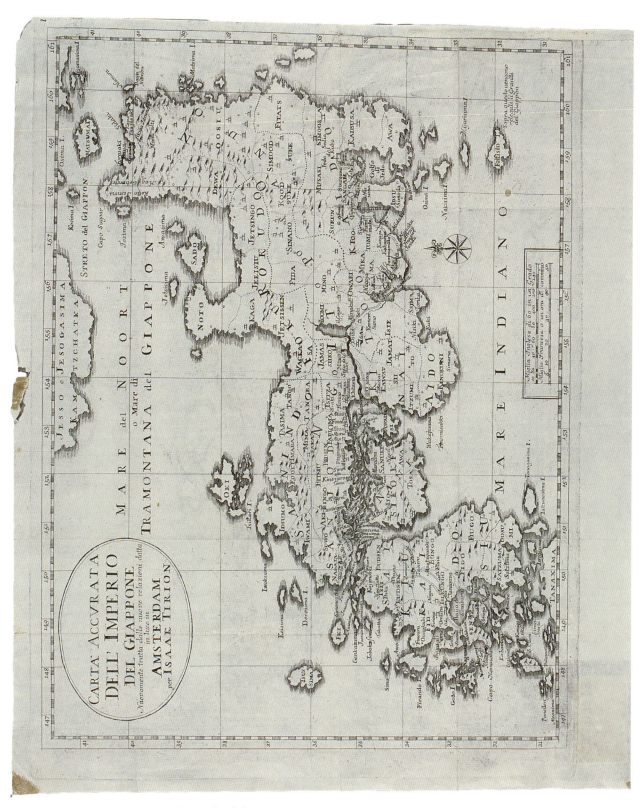

図2-6: 「日本帝国の正確な地図」（イタリア語版）　1738年　大阪大学総合図書館
Fig. 2-6: Isaak Tirion: Carta Accvrata dell'Imperio del Giappone. 1738, Osaka University Main Library

図3-1：長久保赤水「新刻日本輿地路程全図（改正日本輿地路程全図）」 寛政3（1791）年 古河歴史博物館
Fig. 3-1: Sekisui Nagakubo: A new edition of the route map of Japan ("Shinkoku Nihon Yochi Rotei Zenzu"). 1791, Koga City Museum of History.

3．長久保赤水「改正日本輿地路程全図」の登場
The appearance of Sekisui Nagakubo's new map of Japan.

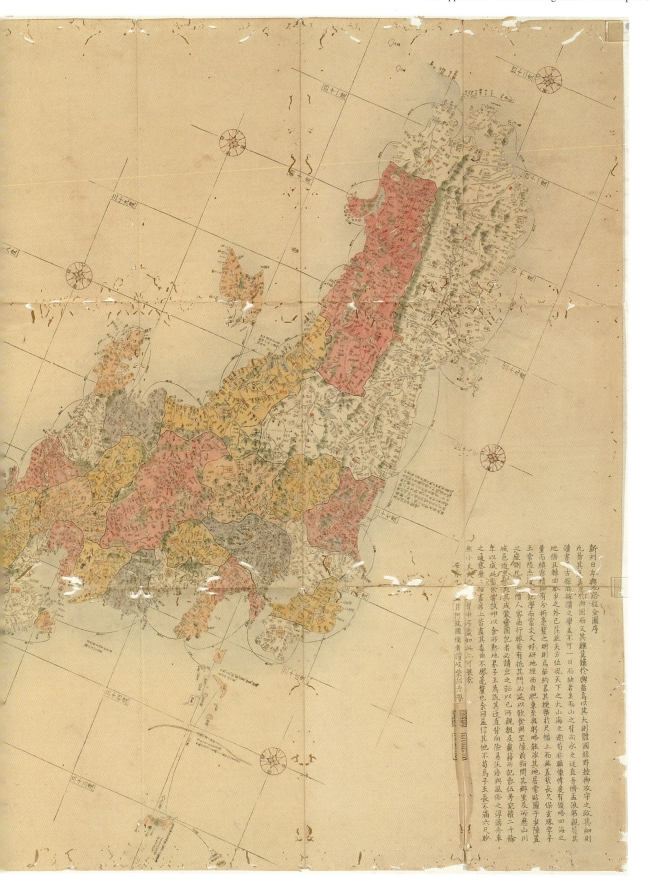

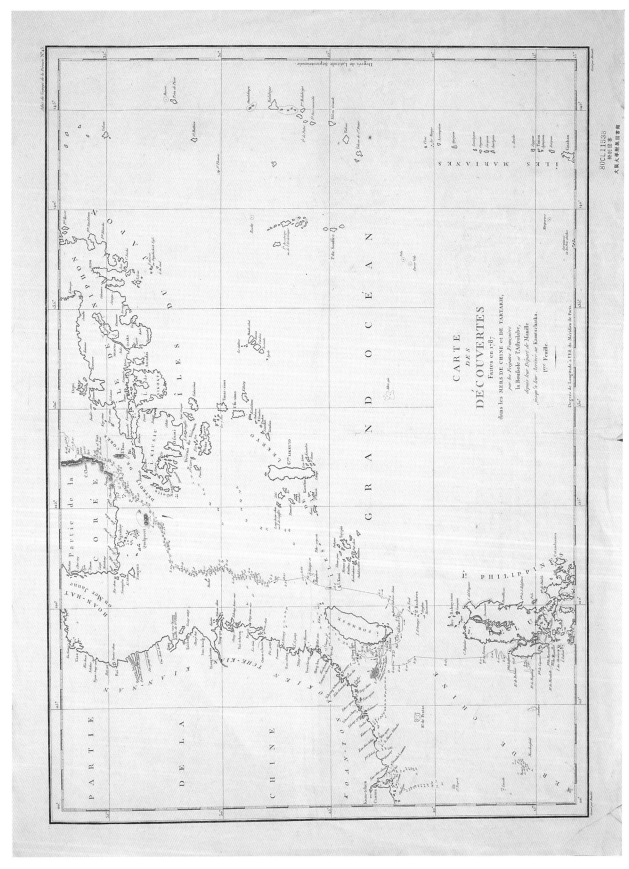

図4-1：ラペルーズ「中国海と韃靼海で1787年に行われた発見に関する図」第1．1797年　大阪大学総合図書館

Fig. 4-1: La Pérouse: Carte des Découvertes Faites en 1787 dans les Mers de Chine et de Tartarie, 1.ere Feuille. 1797, Osaka University Main Library.

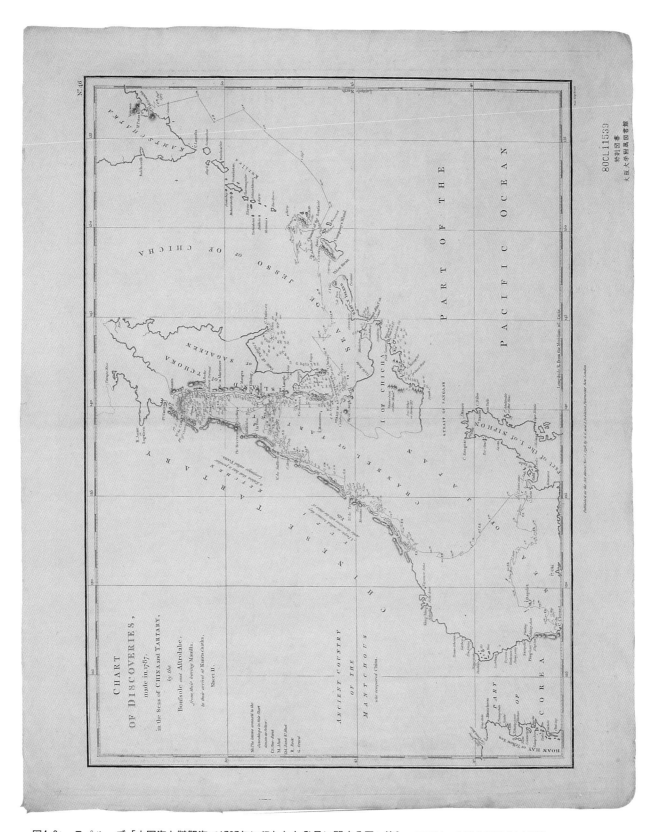

図4-2: ラペルーズ「中国海と韃靼海で1787年に行われた発見に関する図」第2 1798年 大阪大学総合図書館
Fig. 4-2: La Pérouse: Chart of Discoveries, made in 1787, in the Seas of China and Tartary, Sheet Ⅱ. 1798, Osaka University Main Library.

図4-3： ブロートン「アジアの北東岸と日本諸島の海図」
1807年　アメリカ議会図書館
Fig. 4-3: Broughton: Carte de la côte N.E. de l'Asie et des iles du Japan, 1807. Library of Congress.

図4-4： 「自魯西亜国府至日本海陸之図」
（ロシアの首都から日本に至る海陸の図）
鷹見泉石写　古河歴史博物館
Fig. 4-4: The travel route from the capital of Russia to Japan, 1804-1805. Koga City Museum of History.

4．ヨーロッパの探検船による日本列島の測量
Surveys of Japanese Islands by Western exploratory ships

図4-5：「魯西亜国図」（元図はヴィリブレフト「ロシア帝国の一般図」1800年）　文化2（1805）年　鷹見泉石写
古河歴史博物館
Fig. 4-5: A. Vil'brekht, General map of Russian Empire （"General'naja Karta Rossiiskoi Imperii"）. 1800, copied by Senseki Takami in 1805. Koga City Museum of History.

図4-6:「魯西亜人図」(長崎来訪のロシア人図)　文化2 (1805) 年　鷹見泉石写　古河歴史博物館

Fig. 4-6: Figures of Russians visited Nagasaki copied by Senseki Takami in 1805. Koga City Museum of History.

4．ヨーロッパの探検船による日本列島の測量
Surveys of Japanese Islands by Western exploratory ships

図4-7：クルーゼンシュテルン「日本島（本州）と日本周辺海の図」　1813年　アメリカ議会図書館
Fig. 4-7: Krusenstern, Chart of Nipon island (Honshû) and Japanese seas ("Karta Ostrova Nipona i Japonskago Morja"). 1813, Library of Congress.

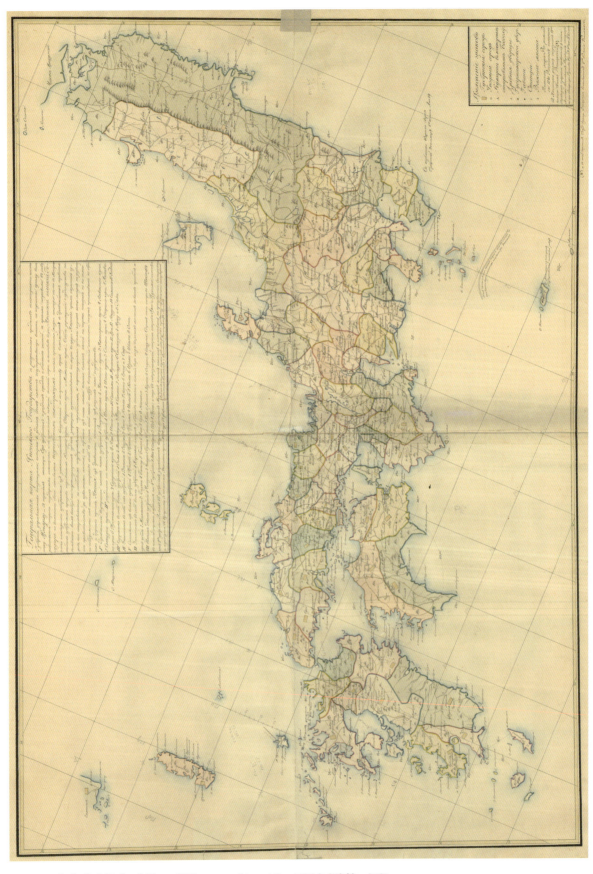

図5-1：新蔵・善六訳「日本国の一般図」　1809年　エストニア国立文書館、タリン
Fig. 5-1: General map of Japan translated by Shinzo and Zenroku (Japanese castaways), ("General'naja karta Japonskago Gosudarstva"). 1809, National Archives of Estonia, Tallinn.

5．ロシアでの「改正日本輿地路程全図」の翻訳・刊行／The map of Japan by Sekisui Nagakubo translated in Russia
6．アロースミスの日本および千島列島図／Map of the Islands of Japan, Kurile &c. by Aaron Arrowsmith

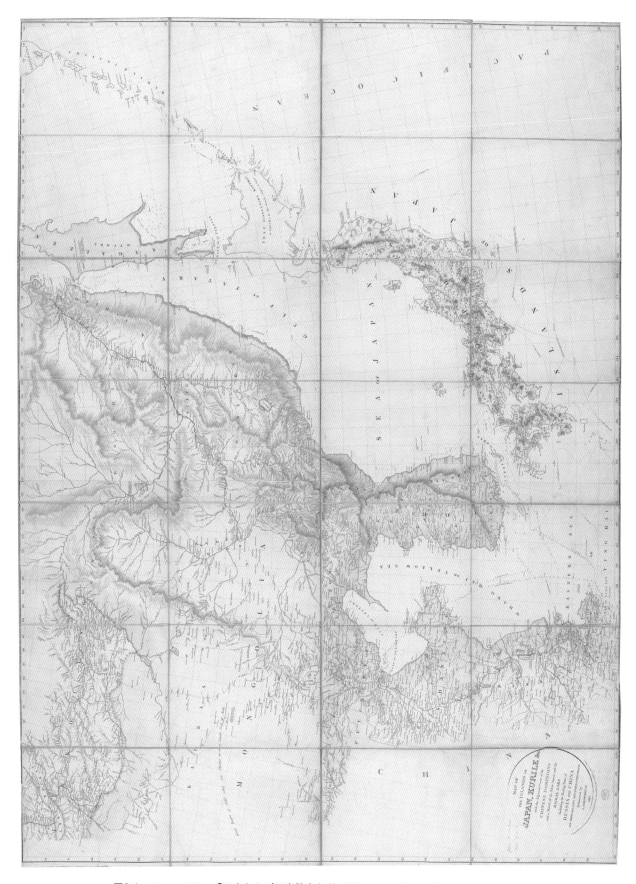

図6-1：アロースミス「日本および千島諸島などの図」　1811年　大英図書館
Fig. 6-1: Aaron Arrowsmith : Map of the Islands of Japan, Kurile &c. 1811, British Library.

図6-2：高橋景保「新訂万国全図」　文化7（1810）年　伊能忠敬記念館
Fig. 6-2: Kageyasu Takahashi, New revised map of the world. 1810, The Inoh Tadataka Museum.

同上　日本周辺部分
The area around Japan of Fig. 6-2.

6．アロースミスの日本および千島列島図
Map of the Island of Japan, Kurile &c. by Aaron Arrowsmith

図6-3：「朝鮮と日本」、Thomson の *New General Atlas*　1815 年　大阪大学総合図書館
Fig. 6-3: Corea and Japan, Thomson's *New General Atlas*. 1815, Osaka University Main Library.

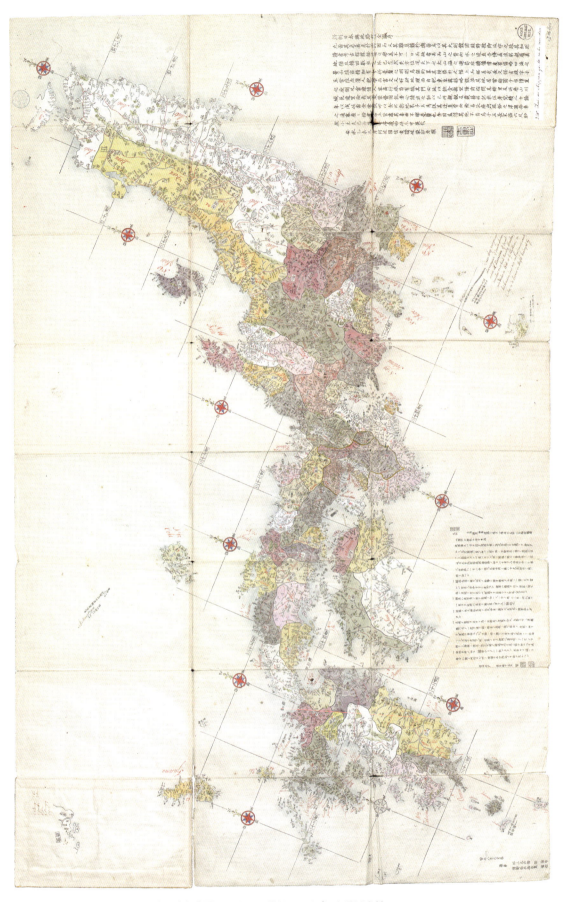

図7-1：長久保赤水「改正日本輿地路程全図」　安永早期版　ライデン大学図書館
Fig. 7-1: Sekisui Nagakubo: Revised route map of Japan ("Kaisei Nihon Yochi Rotei Zenzu"). Early An'ei edition, Leiden University Library.

7. オランダ商館長ティツィングの「改正日本輿地路程全図」にみられる地名の音訳
Transliterations of place names in Sekisui Nagakubo's map of Japan by Isaac Titsingh, the chief of the Dutch factory of Nagasaki

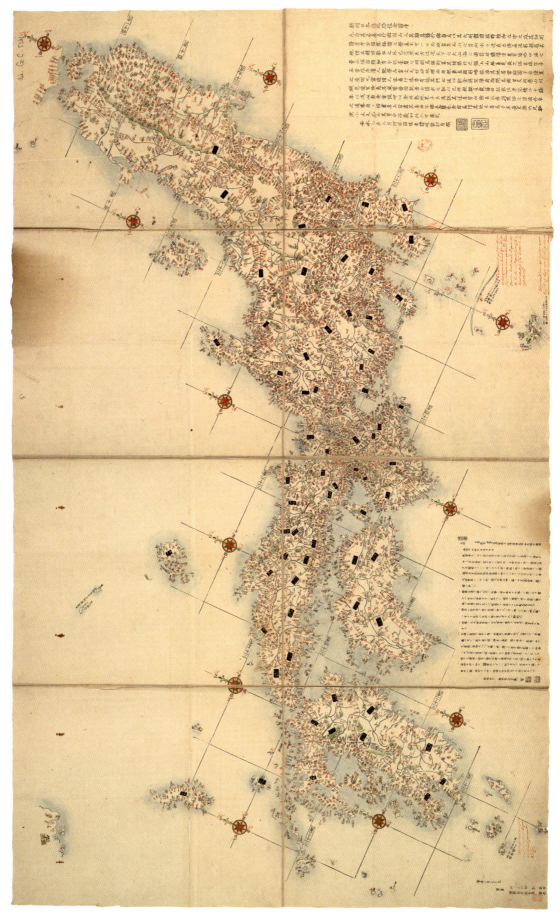

図7-3：長久保赤水「改正日本輿地路程全図」　安永後期版　フランス国立図書館
Fig. 7-3: Carte du Japon par Sekisui Nagakubo. Late An'ei edition, Biblithèque nationale de France.

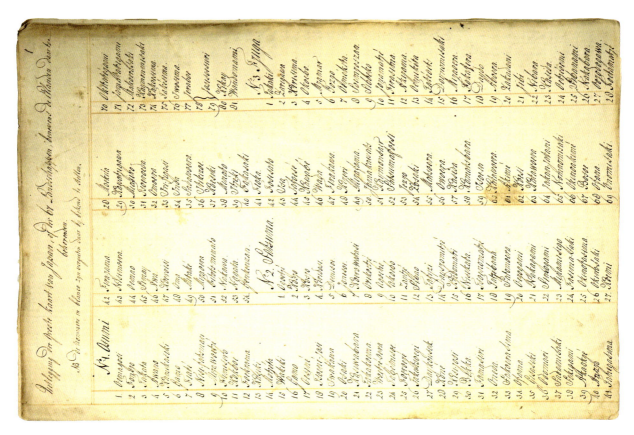

図7-2：ティツィング「６７地方とそれに附属する島よりなる日本の大地図の解釈」　オランダ王立図書館
Fig.7-2. Isaac Titsingh, Interpretation of large map of Japan of 67 provinces with annexed islands ("Uitlegging der groote kaart van Japan, of der 67 Landschappen benevens de Eilanden daartoe behorenden"). Koninklijke Bibliotheek.

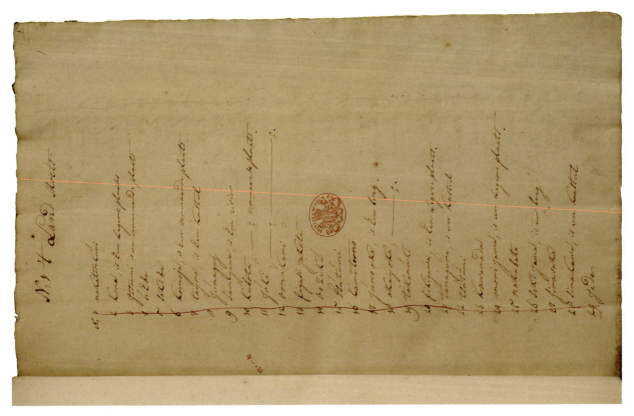

図7-4：ティツィング「日本の地理」（クラプロート旧蔵の地名表）　大英図書館
Fig. 7-4: Isaac Titsingh, *Geography of Japan* once belonging to the library of Julius Klaproth. British Library.

8．クラプロートの日本語表記研究とティツィング収集地名の改定
Klaproth's study of Japanese notation and revision of place names recorded by Titsingh

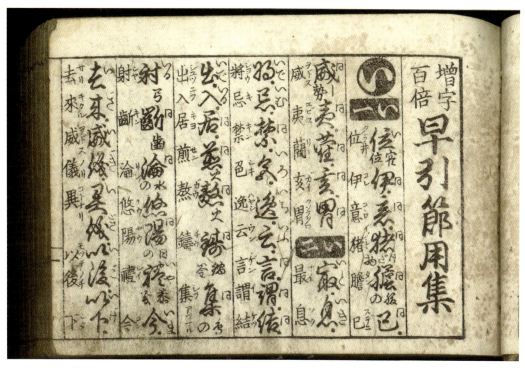

図8-1：『早引節用集』　寛政8（1796）年刊　古河歴史博物館
Fig. 8-1: A dictionary for quick reference on the use of Chinese characters. 1796, Koga City Museum of History.

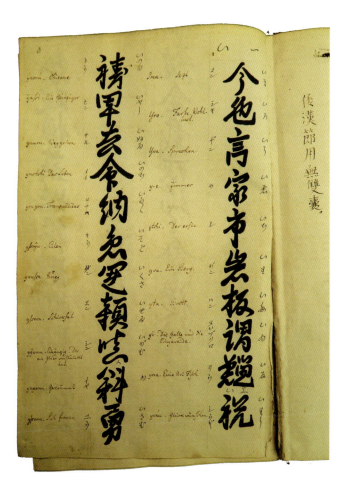

図8-2：クラプロート作製の日本辞書　大英図書館
Fig. 8-2: Japanische Lexicon von J. Klaproth. British Library.

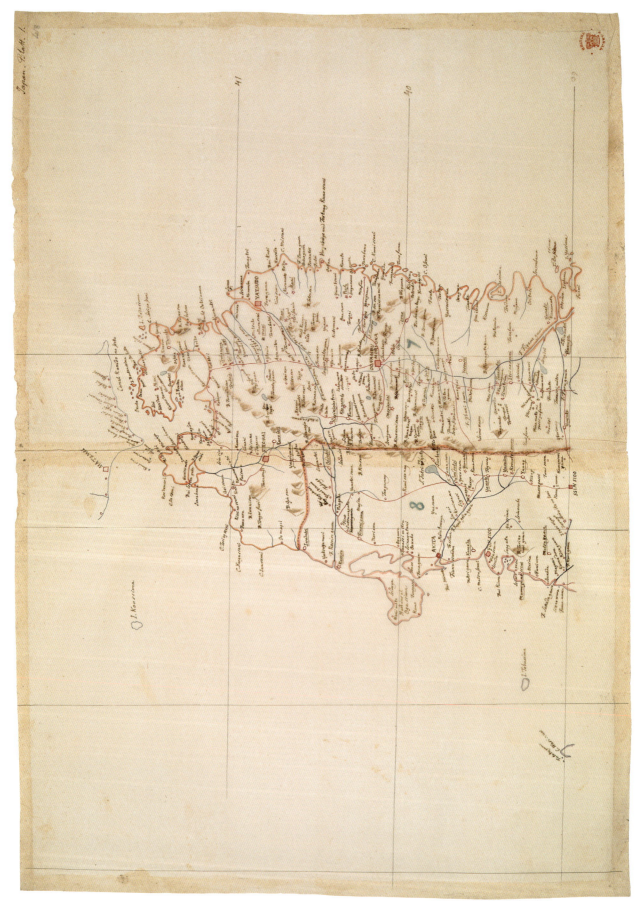

図8-3：クラプロートの日本図、第１図（東北地方）　大英図書館
Fig. 8-3: A map of the isles of Japan, drawn by J.H. Klaproth. Blatt 1, British Library.

8．クラプロートの日本語表記研究とティツィング収集地名の改定
Klaproth's study of Japanese notation and revision of place names recorded by Titsingh

図8-4：クラプロートの日本図、第2図（東北〜関東地方）　大英図書館
Fig. 8-4: A map of the isles of Japan, drawn by J.H. Klaproth. Blatt 2, British Library.

図8-5：クラプロートの日本図、第3図（東海地方〜近畿地方） 大英図書館
Fig. 8-4: A map of the isles of Japan, drawn by J.H. Klaproth. Blatt 3, British Library

8．クラプロートの日本語表記研究とティツィング収集地名の改定
Klaproth's study of Japanese notation and revision of place names recorded by Titsingh

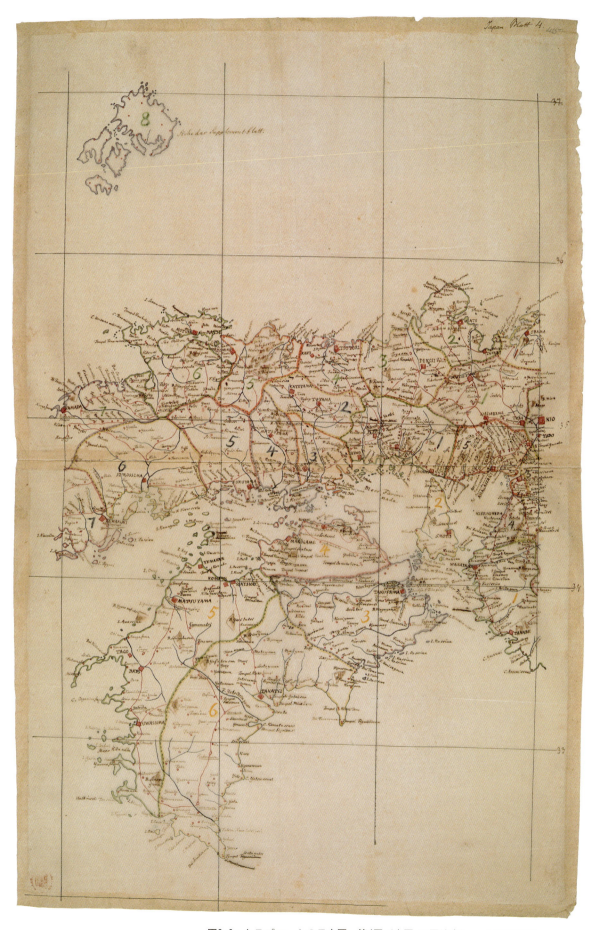

図8-6：クラプロートの日本図、第4図（中国・四国地方）　大英図書館
Fig. 8-6: A map of the isles of Japan, drawn by J.H. Klaproth.. Blatt 4, British Library.

図8-7：クラプロートの日本図、第5図（九州地方）　大英図書館
Fig. 8-7: A map of the isles of Japan, drawn by J.H. Klaproth. Blatt 5, British Library.

8．クラプロートの日本語表記研究とティツィング収集地名の改定
Klaproth's study of Japanese notation and revision of place names recorded by Titsingh

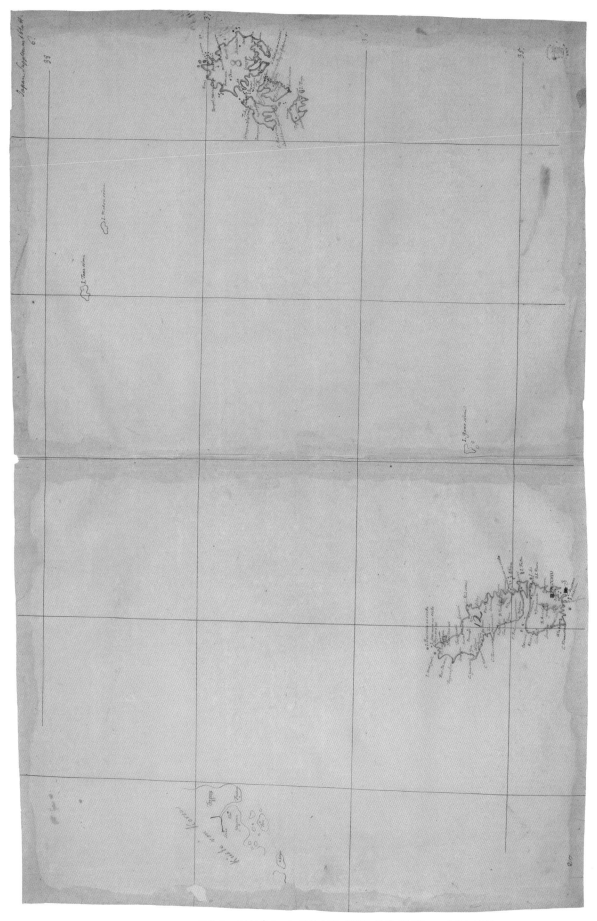

図8-8：クラプロートの日本図（朝鮮・対馬・隠岐）　大英図書館
Fig. 8-8: A map of the isles of Japan, drawn by J.H. Klaproth. Blatt 6, British Library.

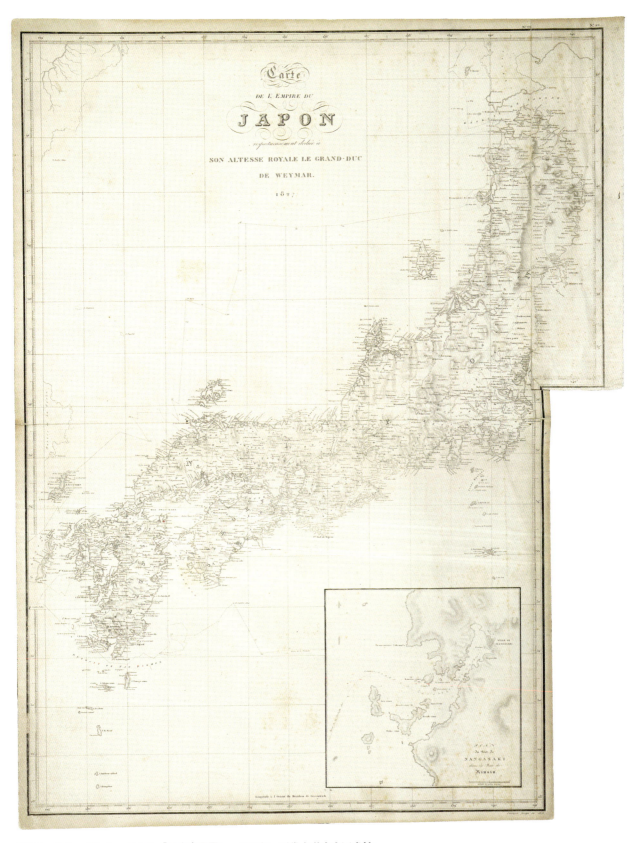

図9-1：クルーゼンシュテルン「日本帝国図」 1835年 近畿大学中央図書館
Fig. 9-1: Krusenstern, Carte de l' Empire du Japon. 1835, Kinki University Central Library.

9．クラプロートの地名研究をとりいれたクルーゼンシュテルン「日本帝国図」の作製
The preparation of *Carte de l'Empire du Japon* incorporated Klaproth's revised place names

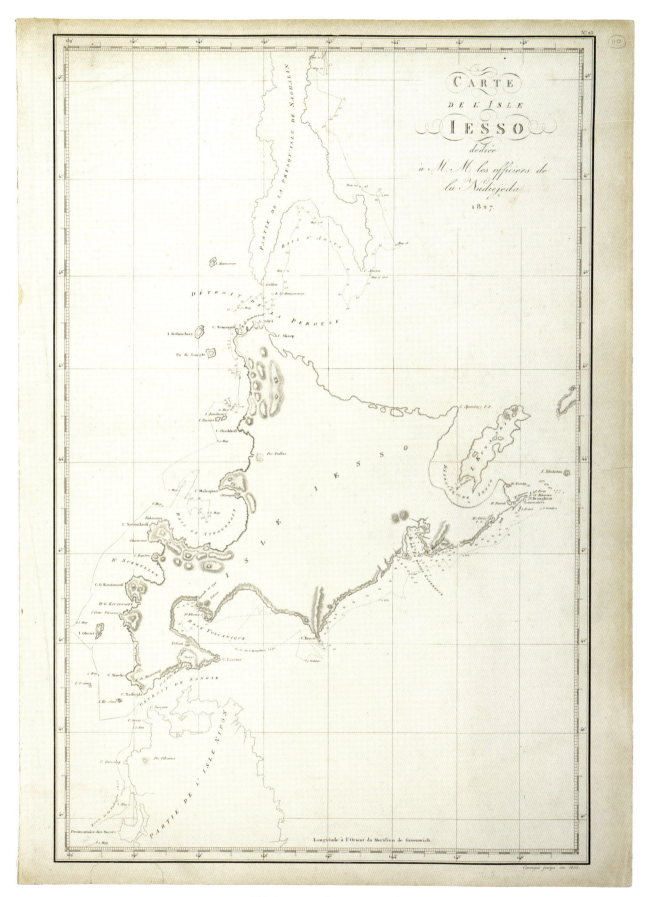

図9-2：クルーゼンシュテルン「蝦夷島図」　1835年　近畿大学中央図書館
Fig. 9-2: Krusenstern, Carte de l' Isle Iesso. 1835, Kinki University Central Library.

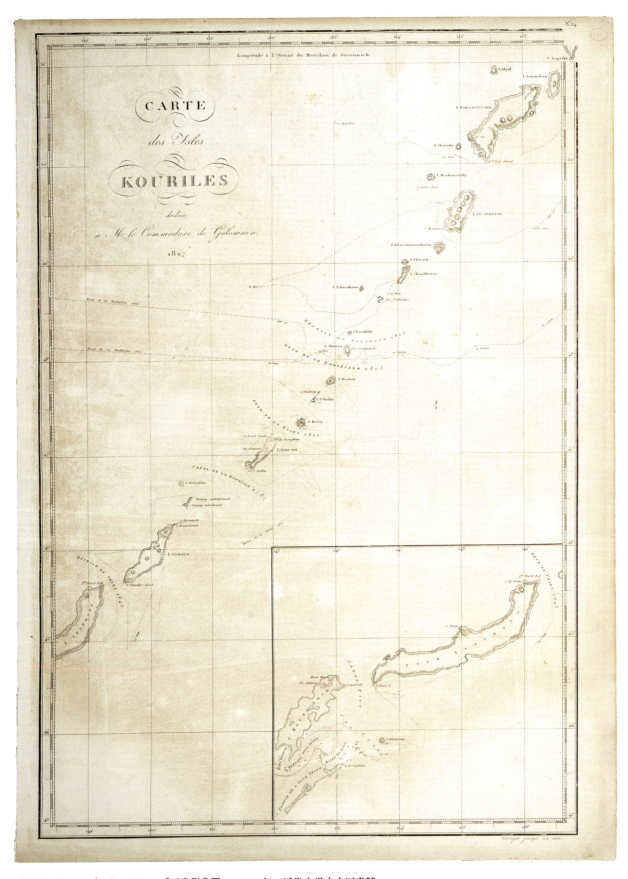

図9-3: クルーゼンシュテルン「千島列島図」 1835年 近畿大学中央図書館
Fig. 9-3: Krusenstern, Carte des Isles Kouriles. 1835, Kinki University Central Library.

10. クルーゼンシュテルンの「日本帝国図」を元にする図の普及
The diffusion of maps adapted from Krusenstern's *Carte de l'Empire du Japon*

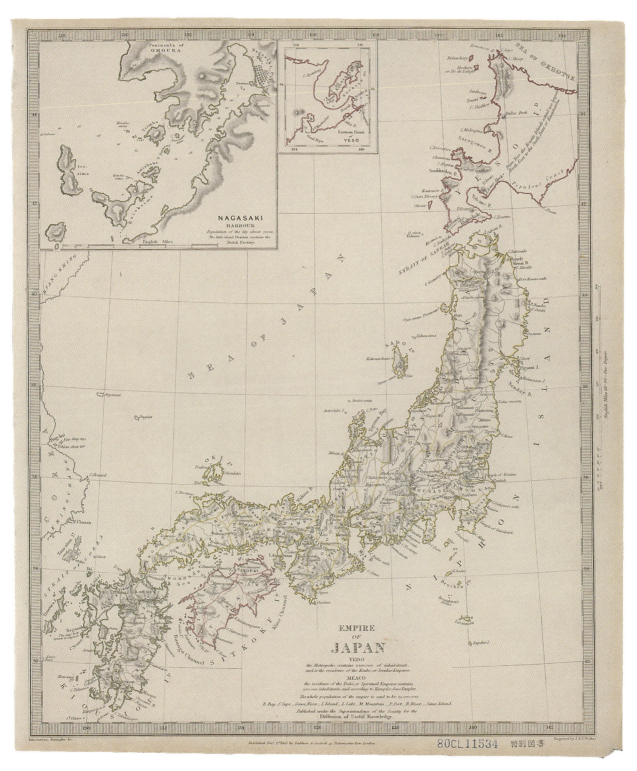

図10-1：有用な知識の普及協会「日本帝国」 1835年 大阪大学総合図書館
Fig. 10-1: The Society for the Diffusion of Useful Knowledge, Empire of Japan. 1835, Osaka University Main Library

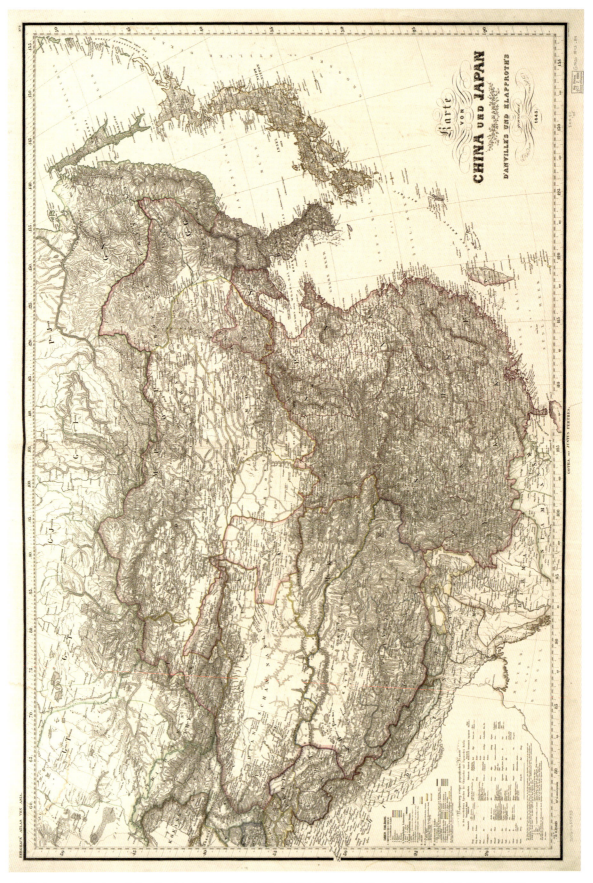

図10-2：ベルグハウス「ダンヴィルとクラプロートの霊に捧げる中国・日本図」 1843年 アメリカ議会図書館
Fig. 10-2: Berghaus, Karte von China und Japan den Manen D'Anville's und Klaproth's. 1843, Library of Congress.

10. クルーゼンシュテルンの「日本帝国図」を元にする図の普及
The diffusion of maps adapted from Krusenstern's *Carte de l'Empire du Japon*

図10-3：「日本と朝鮮」　1851年　大阪大学総合図書館
Fig. 10-3: Japan & Corea. 1851, Osaka University Main Library.

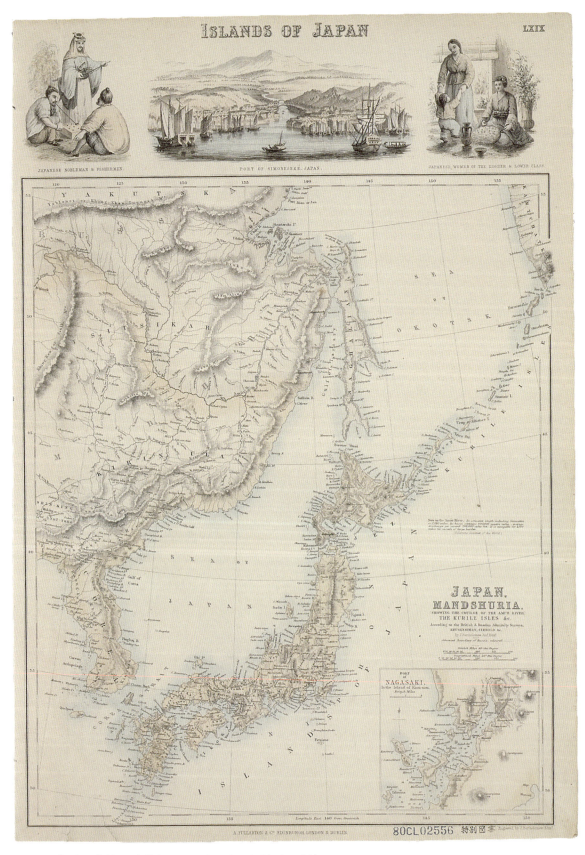

図10-4：「日本・満洲・千島諸島」　1864年　大阪大学総合図書館
Fig. 10-4: Japan, Mandshuria, the Kurile Isles, etc. 1864, Osaka University Main Library.

10. クルーゼンシュテルンの「日本帝国図」を元にする図の普及
The diffusion of maps adapted from Krusenstern's *Carte de l'Empire du Japon*

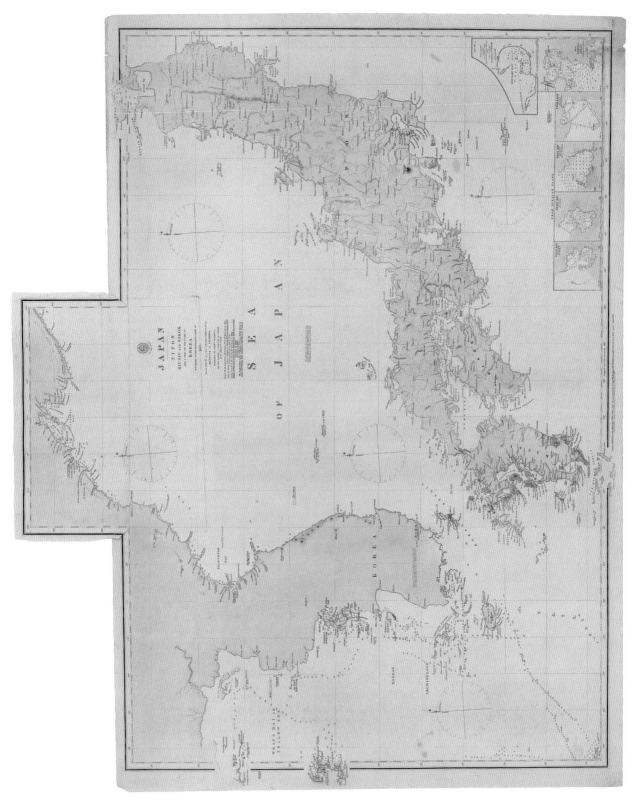

図10-5：英国海図2347号「日本：本州・九州・四国・朝鮮海岸の一部」　1855年刊行、1862年修正　山口県文書館
Fig. 10-5: British Admiralty Chart, No. 2347, Japan: Nipon, Kiusiu and Sikok, and a part of the coast of Korea. 1855, corrections up to 1862. Yamaguchi Prefectural Archives

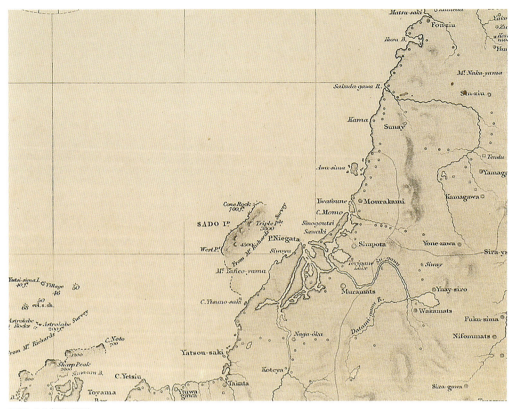

図10-5の新潟付近
The area around Niigata of Fig. 10-5.

図10-6：英国海図2347号「日本：本州・九州・四国・朝鮮海岸の一部」（新潟付近） 1855年 アメリカ議会図書館
Fig. 10-6: British Admiralty Chart, No. 2347, Japan: Nipon, Kiusiu and Sikok, and a part of the coast of Korea.（The area around Niigata）, 1855, Library of Congress.

11. 日本で刊行された「改正日本輿地路程全図」の多様性
The diversity of imitations of Sekisui Nagakubo's map of Japan

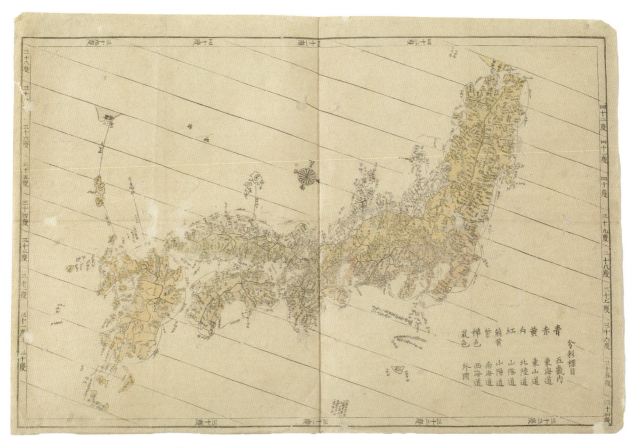

図11-1：「大日本図（仮題）」　古河歴史博物館
Fig. 11-1: A map of great Japan. No date of publication, Koga City Museum of History.

図11-3：「日本総図（仮題）」　成立年代未詳　古河歴史博物館
Fig.11-3. A general map of Japan, No date of publication, Koga City Museum of History

図11-2:「大日本細見指掌全図改訂増選」 浪華藤屋弥兵衛、吉文字屋市左衛門刊 文化5(1808)年 古河歴史博物館
Fig. 11-2: Fujiya Yahei and Kichimonjiya Ichizaemon (Naniwa), A revised and enlarged edition of detaild map of great Japan, 1808, Koga City Museum of History

12. 欧米製の日本図における伊能図の採用
The adoption of Tadataka Inō's map of Japan by Western cartographers

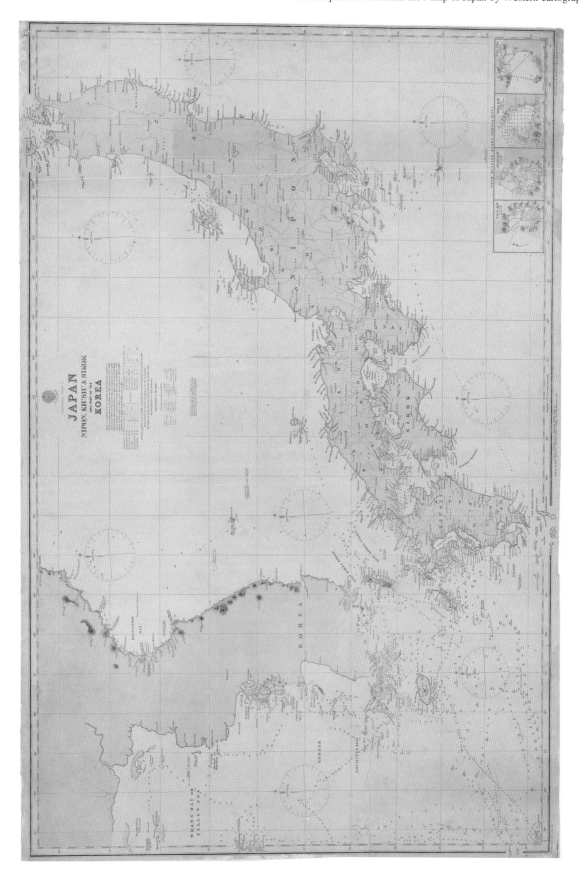

図12-1：英国海図2347号「日本：本州・九州・四国・朝鮮海岸の一部に関する予備的海図」 1863年 山口県文書館
Fig. 12-1: British Admiralty Chart, No. 2347, Preliminary Chart of Japan: Nipon, Kiusiu and Sikok, and a part of the coast of Korea. 1863, Yamaguchi Prefectural Archives.

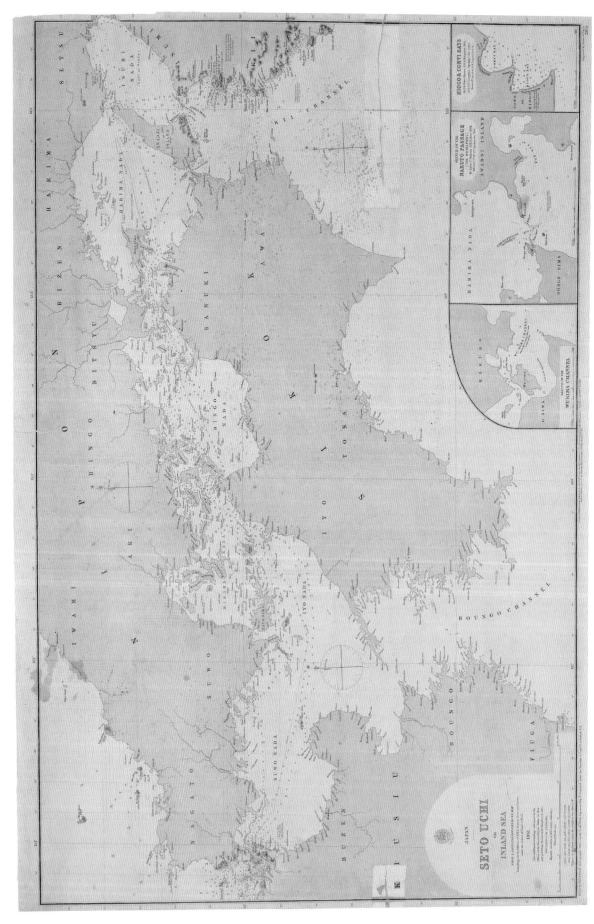

図12-2：英国海図2875号「日本、瀬戸内または内海」　1862年刊行、1863年修正　山口県文書館
Fig.12-2: British Admiralty Chart, No. 2875, Japan: Seto or Inland Sea. 1862, correction in 1863, Yamaguchi Prefectural Archives.

展示解説

1. 江戸時代初期のヨーロッパで描かれた日本図

　東洋の端に日本という国があることがヨーロッパで知られるようになったのは、マルコ・ポーロがアジアへの旅行（1271～1295年）からもどって、『東方見聞録』を口述してからのことになります。『東方見聞録』の日本の節には、宮殿の屋根はすべて黄金でふかれており、宮殿内の道路や部屋の床には純金の板がしきつめられている、といった記述があり、人びとの関心を集めました。

　ヨーロッパで描かれた地図に日本があらわれるようになるのは、まだヨーロッパ人の船が東アジアに到達していないときで、1459年に描かれたイタリアのフラ・マウロの世界図には、中国の「泉州王国」（Regno de caiton）と書かれた陸地の横に、「日本島」（Ixola de cimpagu ［正しくは cipangu］）が見られます。当時のヨーロッパには日本の地図はまだ伝わっておらず、島の形や城郭などは想像によって描かれました（海野 1999: 52-53）。

　ヨーロッパ人の船が日本に到達するようになると、日本列島はさまざまな形で描かれるようになりますが、1590～1592年にイナッシオ・モレイラ（Ignacio Moreira）というポルトガル人が天文観測を含む測量をおこない（Schötte 1962）、新しい型の日本図が登場します。ただしモレイラの調査は日本全国におよんでおらず、古くから日本にあった「行基図」といわれる日本図も参考にしたと考えられています（海野 1999: 82-83）。

　古河歴史博物館の鷹見家資料に含まれる「アジア航海図」（図1-1：4頁）は1833年の写しではありますが、そのもとになった地図が鎖国前に東南アジアに通商に出かけていた長崎の商人糸屋随右衛門の所蔵であったことがはっきりしており、当時の地図の面影をよく伝えていると考えられます。またその文言からはっきりとポルトガル系であることが確認できる点でも重要です（Nakamura 1964）。

　そこに小さくみえる日本は、大阪湾の奥に大きな湾（琵琶湖）を描く点からも、この型に属すとみてよいでしょう。図1-1を他の類似の図と比較した海野（2003: 217-218）は、地名として江戸と駿河がみえるところから、元図は1607年以降にできたと推定しています。徳川家康が隠居した場所として駿河が記載されたと考えられます。

　この当時の日本図として鷹見家に見られるのは、やはり写しですが、「ヒロート之法加留多」（図1-2：5頁）があります。「ヒロート」とはパイロットのことで、航海士をさします。「加留多」は地図や海図を意味します。「アジア航海図」と同様、方位線が海上を中心に描かれます。こうした地図のことを「ポルトラーノ」と呼んでいます。類似の図を比較検討した海野（2003: 278-279）は、方位の区分が十二支にもとづいているので、元図もそれほど古くないと考えていますが、この日本図が外国人によって描かれた時代をしのばせます。

　鷹見家資料にふくまれているこの種の地図は、写しだけではありません。鷹見泉石が入手したオランダ製の地図にも日本が描かれているものがあります。その一つは *Atlas de la Mer*（『海の地図帳』）に収録された Noordoost cust van Asia（「アジア北東岸」）で、多くの方位線を描き、すでに見たポルトラーノ特色をそなえています（図1-3：6頁）。表紙からするとこの地図帳は1692年にアムステルダムで Jaques & Gasper Loots-man という兄弟と思われる地図製作家によって刊行されたものですが、もともとはその30年以上前に Pieter Goos（ca.1616-1675年、Tooley 1979: 253）という地図作製家によってやはりアムステルダムで刊行されたことがわかります（ワルター編 1993: 116）。Goos の作製した銅の原版を Loots-man が購入して、再版したもののようです。またこの『海の地図帳』はフランス語版だけでなく、オランダ語版、英語版なども刊行されました（Schilder and Egmond 2007）。

　さて、そこに描かれている日本は本州以北だけで、南の九州や四国は描かれていません。残念ながら、鷹見家資料の『海の地図帳』は収録された全点がそろっていないのですが、アメリカのスタンフォード大学の David Ramsey Historical Map がインターネットで公開している画像から、この地図帳には別に「東インド東部航路図」があり、同じように描かれた本州の南西に

二つの島が示されているのがわかります。ただし紀伊半島に近い小さな島には"Tonsa"（土佐）、その西側のやや大きな島には"Cikoko"（四国）と書かれています。このやや大きい島は、南に種子島が描かれているので、四国はまちがいで、九州であることが確実です。またその西側には、1641年までオランダ商館のあった平戸島（"I Firando"）という地名は書かれていますが、当時オランダ商館があったはずの長崎の地名は書かれていません。ややふしぎですが、このような日本図のもとの図をみると、その背景がわかります。

類例を探すと、イタリア出身のイエズス会士、Martino Martini（1614-1661年）が1655年に刊行したNovus Atlas Sinensis（『中国新地図帳』）に掲載されたIaponia Regnum（日本王国）と題する図からはじまると考えられます。Martiniは日本にきたことがなく、それまであった図の特色を組み合わせてこの日本王国図を描いたと考えられています（ワルター編1993: 114-115, 192-193; Walter 1994: No. 38）。

なおこの図では本州の北方に蝦夷（今日の北海道）が樺太（サハリン）と一体化するように描かれています。これはオランダのフリース（Maarten Gerritsz Vries、1589-1647年）の探検隊の成果です。東の方に描かれた陸地は千島列島のウルップ島で、それを大きなものと誤解したとされています（ワルター編1993: 126-127, 195; Walter 1994: No. 57）。後述するように、この地域では霧の出ることが多いことも、そうした誤解の背景として考えておく必要があります。

図1-4〈7頁〉 に示した「アジア図」に移りましょう。この図も地図帳の一部として刊行されたと考えられていますが（石山 1998）、その原名はまだ特定されていません。この図の左下の説明を読むと、もとの図はFrederick de Witt（1610-1698年）というオランダの地図作製家（Tooley 1979: 670）が刊行したことがわかります。またこの図は地図作製で知られるやはりオランダのOttens一族のReinierとJoshuaの兄弟（兄は?-1750年、弟は?-1765年、Tooley 1979: 479）が刊行したこともわかります。図1-3の場合と同様に、銅の原版を譲り受けたと考えられます。

ところで、ワルター編（1993: 112-113、192）、Walter（1994: No. 37）には、これと同じ図柄のより大きな図（100 × 123cm）の画像が掲載されています。その説明では、この大きな図はまず1671年に壁かけ図として作製されたとのことです。当時のオランダでは地図を壁にかけておくことがよく行われたようです。またOttens兄弟による同様の壁かけ図の刊行は1730年頃とされています。図1-4もその頃に刊行されたと考えられます。

さてその図柄を見ると、図1-1の図示範囲をほぼ踏襲していることがわかります。このような構図は、ポルトガルからオランダの地図作製者に受けつがれたものと考えられます。またこの図1-4では、図示範囲が北に広がるとともに、図1-3と同様の蝦夷が描かれているのも注目されます。ただし本州に注目しますと、その形は図1-3とはかなりちがい、むしろ図1-1の場合に似ています。他方四国については、"Xicocu Ins"と四国であることを示しますが、九州については平戸（Firando）の地名を記入するものの、島名を"Ximo Ins"とするだけでなく、やはり長崎を示しません。すでに18世紀にはいってからの刊行なのに、図1-3と同様に肝心のオランダ人が来訪していた地域についてアップデートがされていないことが気にかかります。

のちの時代に印刷された図であるにもかかわらず、前の時期の図の内容がそのまま踏襲されるというのは、印刷に使う銅の原版の継承を考えるとわかりやすいのですが、しかしこのような古い内容の図では、現実の業務には役立たず、図1-3も壁かけ図のような用途のために作られたものと考えられます。

また関連して、これまでの研究が印刷された図に集中しており、毎年長崎に入港していたオランダ船が実際に使用していたと考えられる海図についてはまだ検討がおよんでいないことも無視できません。17世紀の台湾に関するオランダの手描き海図の研究を見ると（格斯・冉福立［Kees Zandvliet］1997）、そうした航海用図や港湾図が豊富にあったことがわかります。これに関連して注目されるのは、オランダの東インド会社の水路局で作られていた海図は、ほとんどが手描きで、印刷されなかったとされている点です。印刷して貴重な地理情報が他に知られてしまうのを避けるために、手描き図を使っていたというわけです。東インドに航海するオランダ船に支給された海図や航海用具は、その終了後は返却されるようになっていたこともこれ

に関連して重要です（Schilder 1976）。手描き図をくり返して使ったことがわかります。

2. 日本で刊行された図のヨーロッパでの翻訳・複製（～1800年）

17世紀後半になりますと、日本図の刊行が国内でさかんになります。その代表例が「新板大図日本海山湖陸図」（図2-1：8頁）の系統に属す地図です。なおこの図はふつう「日本海山潮陸図」と表記されることが多いのですが、鷹見家資料の図に付された題簽（タイトル）には、「潮」ではなく「湖」とされていることを付記しておきたいと思います。

「新板大図日本海山湖陸図」では、北東～南西に長く延びる日本列島を長方形の紙の範囲の中に収めるように変形させています。この図を作製した石川流宣（生没年不明）は絵師で、浮世絵のほか、「万国総界図」のような世界図、「江戸図鑑綱目」のような都市図の作製も手がけました。「新板大図日本海山湖陸図」は地名がくわしく、主な街道と宿場町に加えて、それぞれの国の郡の数や石高、大名の名前や城下町を示し、とくに大きな城下町については城も描くなど、作者のサービス精神がうかがわれます。人気を博して以後100年近くこの系統の図が印刷発行されました。

石川流宣の日本図はオランダにもたらされました。後述するような、その翻訳・複製に使われた元図の所蔵者からみて、日本からの流出は長崎出島のオランダ商館を経由したと考えられます。従来の図に比べて詳しく、歓迎されたことがうかがえます。

石川流宣がこの系統の図を最初に刊行したのは1687年、さらに「新板大図日本海山湖陸図」のような大型判を刊行したのが1691年ですが、オランダでこの種の地図が最初に刊行されたのは今のところ1715年と考えられます。

これにたずさわったのはイスラム研究で大きな業績をあげた東洋学者のアドリアーン・レランド（Adriaan Reland, 1676-1718年）でした。レランドは聖書に触れられる地域の地理学にも関心を持っており、オランダの植民地になっていたジャワの地図も作っているところからすると、ひろく地理学に関心があったようです。

さて、レランドの図は同じようなものが何度も刊行されていますが、その最も時期が古いものが「日本帝国」（図2-2：9頁）です。下には献辞に加えて絵も描かれていますが、陸地や島の形などは図2-1によく似ています。ただし陸奥や出羽といった各国のなかの細かい描写は省かれて、漢字の国名とそのアルファベット表記だけになっている場合が多いことが分かります。また城下町と思われる記号があります。図2-1「新板大図日本海山湖陸図」では正方形で城下町を示しているのと対応しています。この場合、○で示した町もふくめて、その名前を記すのが九州北部、近畿地方・東海道沿道に散見するのは、江戸参府に際してオランダ人が通過して、地名をよく把握していたからと考えられます。また山陽道に少ないのは、瀬戸内海を船で通過したためと推定できます。

ところで図2-2の下部には、この元図がオランダの東インド会社の重役の一人で、Haften（Haaften）の領主でもあったBenjamin Dutry（1668-1751年）の図書室から、レランド（当時ユトレヒト大学東洋語教授）の元学生であったPaul Collignonにより提供されたと書かれています（Hubbard 2012: 283、ハバード 2018: 318）。

ともあれ、日本で図2-1「新板大図日本海山湖陸図」が刊行されてから図2-2「日本帝国」が刊行されるまで、25年ほどもかかりました。長崎出島のオランダ商館からヨーロッパへもたらされ、さらに関心を持った人がこれに注目して翻訳刊行するには時間が必要だったということになりますが、これについてもう一つ重要なのは、鎖国時代には日本の地図を国外に持ち出すことが許されていなかったことです。木版の「新板大図日本海山湖陸図」の場合は販売されて人気を博し、それを来日したオランダ人が密かに持ち帰ったという経過を考える必要があります。

図2-2でもう一つ気になるのは、先に触れた国名の漢字です。やはり「新板大図日本海山湖陸図」をそのまま踏襲していること

とがわかります。「新板大図日本海山湖陸図」の備前・備中・備後の三国の「備」をみると、備中・備後では「備」なのに、備前の場合は「俻」によく似た字を使っております。後者は古い地図によく見られる字体で、それが今日私たちの使う字体と混在しているわけです。これがそのまま図 2-2 に使われたということになります。また日向の「日」は図 2-1「新板大洲日本海山湖陸図」では小さく書かれているのですが、図 2-2 も同様です。

漢字の国名に添えられたアルファベット表記は、よく見るとオランダ語綴りで、長崎に来たオランダ人が日本人から読み方を聞いて書いたものと考えられます。1715 年には図 2-2 とほとんど同じ図が、フランス語の表題で刊行されますが、この国名の綴りは同じです（Hubbard 2012: 282-294、ハバード 2018: 314-323, 326-329）。ただしこの読みを誰がレランドに伝えたかについては、まだ検討されていないようです。

「新板大図日本海山湖陸図」では、地名はほとんど漢字で書かれていますが、漢字には音読みだけでなく訓読みもあります。また地名には難読の場合も多く、日本製の地図の地名表記は、のちの時代もヨーロッパの地図製作者を悩ませました。ただしこの漢字の国名は、この「日本帝国」図にエキゾティックな雰囲気をもたらし、それに関心をひかれたヨーロッパ人は少なくなかったと想像されます。

日本で刊行された日本図の翻訳はさらに行われました。ケンペル（Engelbert Kaempfer, 1651-1716 年）は、長崎オランダ商館の医師として、1690 ～ 1692 年に日本に滞在し、本格的な日本研究を行ったことで有名です。訪日中 2 度江戸参府を行い、当時の第 5 代将軍、徳川綱吉（1646-1709 年）にも謁見しました。将軍の質問に答えるだけでなく、歌をうたい、ダンスもしました。ケンペルはまた日本の地理に強い関心をもち、長崎から江戸までの地図を作りました。瀬戸内海は船で通過していますが、陸路を通過した地域については、詳細にルートを描いています（ワルター編. 1993: 図版 89A-G、参考 16）。ケンペルは、自分の持ち物の中に大きな航海用の羅針盤を隠しもっていて、人に見えないようにして使ったとしています（呉訳 1938: 66-67）。鎖国時代の日本では、外国人に測量が許されていなかったからです。

ケンペルは日本でさまざまな資料を集めました。彼の死後それはイギリスに買い取られ、現在は大英図書館に収蔵されています。この中には地図も含まれています。鎖国時代の当時、長崎のオランダ商館員には上記のように日本の地図を入手することは禁止されていましたが、ケンペルの助手になった若手の通訳（「稽古通詞」）は日本に関するさまざまな情報をケンペルに伝えるだけでなく、地図の入手についても努力してくれたようです（Kaempfer 1999: 28-29, 234-235）。ケンペルは自分の著作でこの助手の名前を示すことを避けていますが、のちに「大通詞」として活躍することになる今村源右衛門（1671-1736 年）であることが確かめられています。

この地図の中には、延宝 6（1678）年に刊行された「延宝六年日本国図（新撰大日本図鑑）」のほか（ここでは古河歴史博物館蔵の**図2-3〈10頁〉** を展示。なお大英博物館蔵の同図では、版木が削り取られた状態で刷られたのか、年代を示す部分がみられない）、これを元図にしたケンペル自身の下描き図（**図2-4：11頁** ）もあります。

図 2-3 は 1 万石以上の知行所をもつ大名を国別に示し、その石高や城下町・陣屋の地名も記入しています。図 2-4 はその翻訳と呼んでよいもので、とくに上部の四角の中には、図 2-3 の説明をラテン語に翻訳しています。また大名の名前も忠実に示そうとしています。尾張の場合を示すと次のようになります。

61M（万）9000K（石）

Owari Tsiunagon dono （尾張中納言殿）　※図 2-3 にはつぎに名後（古）屋とあるが省略

Haus …?（家司）　Narisie Fajatto（成瀬隼人）※図 2-3 にはつぎに犬山とあるが省略

VIII Prov. 48M.（八郡高四十八万石）

以上のような翻訳は、おそらく上記の今村源右衛門から聞いたものと思われますが、ケンペルの書き留めた国名の綴りは、図 2-2「日本帝国」の場合とはちがう箇所が多く、ドイツ語綴りのようです。ケンペルの母語はドイツ語で、それによってメモをとったと考えられます。

ケンペル死後の 1727 年になって、やはりドイツ人であるシ

ョイヒツァー（Johann Jakob Scheuchzer、1672 – 1733 年）がその収集資料をもとに『日本史』（The History of Japan）を刊行しました。英語で書かれています。それには、「延宝六年日本国図（新撰大日本図鑑）」（図 2-3）を最も重要な元図にしたと考えられる「68 地方に分かれた日本帝国」（Imperivm Japonicvm in Sexaginta et Octo Provincias Divisum）を添付しています。この図はラテン語で書かれています。図2-5〈12頁〉 は、『日本史』のオランダ語版用に作られたもので、タイトルは「68 地方に分かれた日本王国」（Het Koninkryk Japan Verdeelt in Acht en Zestig Provintien）とオランダ語で書かれ、図 1-4 に関連して触れたオランダの Ottens 兄弟の 1 枚刷りの収集地図帳にくわえられました（1740 年頃刊）。説明はオランダ語になっていますが、図柄は英語版の「68 地方に分かれた日本帝国」と同じです。図 2-3「延宝六年日本国図（新撰大日本図鑑）」は文字の多い、ややみにくい図ですが、図 2-5「68 地方に分かれた日本王国」は、彩りも華やかなうえ、装飾的なのに驚きます。雰囲気は図 2-2「日本帝国」とにていますね。

　英語版の「68 地方に分かれた日本帝国」やオランダ語版の「68 地方に分かれた日本王国」（図 2-5）は今日ではケンペルによるというよりも、ケンペルの残した資料からショイヒツァーが編集したものと考えられており、国名の漢字の掲載もショイヒツァーの意向によるとされています（ワルター 1993）。その場合、ショイヒツァーがレランドの刊行した図の漢字をそのまま使用したことは、備前・備中・備後の漢字が図 3-1 と同じようになっていることからあきらかです（図 2-5 の元図になった図 2-3 では、備前の「備」が古い字体で書かれていることに注意）。ショイヒツァーはまた、図の下部に七福神の図を入れるなど、レランド刊行図よりも一層その異国趣味を強調したことも重要です。

　注目されますのは、国名のアルファベット表記ですが、英語版に付された「68 地方に分かれた日本帝国」では、基本的に翻訳である図 2-4 に従いながらも、ドイツ語の”ß”さらに語頭の”Si”のような文字を使わずに”s”または”ss”で、さらにラテン語らしく”u”を”v”で表記するなど工夫しています。他方オランダ語版の「68 地方に分かれた日本王国」（図 2-5）では、上記の”v”を”u”にもどすなど、一部を変えています。なかには、ケンペルの図 2-4 で”Jnaba”と記されている因幡（いなば）を”JMABA”とするような誤りも認められ、国名のアルファベット表記にはさまざまな苦労があったことがうかがえます。

　ところで、図 2-5 のような図柄はその後も好まれて印刷されます。図2-6〈13頁〉 はその一例です。東海道など地方名が書き加えられるほか、国名の表記も改められています。最近の研究では 19 世紀初期になってもこうした地図が印刷されたことが指摘されています（Hubbard 2012: 388-391、ハバード 2018: 436-440）。

3．長久保赤水「改正日本輿地路程全図」の登場

　石川流宣の日本図は刊行以来約 100 年ものあいだ重要な地位を保ちますが、1779 年になると、長久保赤水（1717-1801 年）が作製した「改正日本輿地路程全図」が登場します。これ以後、石川流宣の日本図はほとんど印刷されなくなり、「改正日本輿地路程全図」によって急速に取って代われてしまったといわれています（三好 1989）。

　長久保赤水の「改正日本輿地路程全図」（図3-1：14頁 「新刻」は内題）は、今日私たちが見る日本地図に似ています。また地名がたいへん多く、観光案内風の図 2-1「新板大図日本海山湖陸図」と比較すると、ずっと実用性が高く思われます。この地図が石川流宣の日本図を過去の地図にしてしまったのは、当時の日本人の地理的な知識が向上し、地図についてもより詳細で現実に即したものが求められていたことを示しています。

　以後長久保赤水の「改正日本輿地路程全図」は、改訂を重ねながら広く使用されました。またその縮小版や模倣版が作られます。これは長久保赤水の死後も継続され、江戸時代の末まで

利用されつづけます（秋岡 1955:145-151）。こうした点から、「改正日本輿地路程全図」は江戸時代の後期を代表する日本図と言ってよいでしょう。

ところで、この「改正日本輿地路程全図」には南北線と東西線が経緯線のように記入されています。このうち東西線には緯度が記入されています。細部を見ると、たとえば対馬がずいぶん北の方に描かれているなど問題はありますが、この東西線は基本的に緯線と考えて差し支えありません。

他方の南北線は一見すると経線のようにみえ、そう主張する研究者もいます。ただし東西線と同じ間隔で記入されている点が気にかかります。また東西線に緯度が記入されているのに、南北線には何も数値が記入されていないのも同様です。日本列島の位置する中緯度になると、経度1度の間隔は緯度1度の間隔より狭くなります。したがって、緯度線の間隔と同じ間隔で描かれたこの南北線を1度間隔の経線と考えることは困難です。

これに関連して触れておかねばならないのは、緯度を測るのは容易で、北極星を見上げる場合の角度を調べれば、比較的精確な緯度を知ることができたという点です。しかし、経度を測るのは当時の日本では容易ではなく、あとでくわしく紹介するように、ヨーロッパで作成されていた地図や海図に見られるような経線は記入できなかったと考えられます。

このように長久保赤水の「改正日本輿地路程全図」を紹介しますと、多くの人は、経緯線も含めて、もっと本格的な日本地図が伊能忠敬（1745-1818年）によって作られており、そちらの方が正確さでは優れていると思われるでしょう。確かにその通りですが、江戸時代には伊能忠敬の日本図は、民間では使うことができなかったことを知っておく必要があります。ひろく伊能図といわれる日本図は忠敬の存命中には完成せず、幕府天文方の高橋景保（1775-1829年）などの努力で1821年になってようやく「大日本沿海輿地全図」としてできあがって幕府に上程されます。しかしそのご印刷されて普及するまでには時間がかかりました。

長久保赤水の日本図と比較すると、伊能忠敬の日本図は今日よく知られていて、その作製過程についても関心が高いのですが、江戸時代の日本人にとっては、長久保赤水の日本図の方がずっとよく知られていて、さかんに実用に供されました。このあたりの事情については、コラム「長久保赤水の日本図と伊能忠敬の日本図」（78-79頁）をご覧下さい。

このように見てくると、長久保赤水はどのようにして「改正日本輿地路程全図」をつくったのか、という点が気になります。長久保赤水自身は測量をほとんどしておらず、当時すでにあった江戸幕府が作製した日本図を改訂し加筆したものと考えられています（室賀 1968）。ただし、個人的な努力をつづけながら、さまざまな地図情報を取捨選択して新しい日本図をまとめ、改訂をくり返して日本の社会に普及させた業績は大きなものと評価されます。つぎにおもに長久保赤水の死後のことになりますが、その日本図が海外でどのように評価されたか見ていきましょう。

4．ヨーロッパの探検船による日本列島の測量

長久保赤水の「改正日本輿地路程全図」が刊行されてしばらくすると、ヨーロッパの国ぐにから派遣された探検船がつぎつぎと日本列島に近づきます。そのうち重要なものをあげるとフランスのラペルーズ（Jean-François de La Pérouse, 1741-1788年）、イギリスのブロートン（William Robert Broughton 1762-1821年）、さらにロシアのクルーゼンシュテルン（Adam Johann von Krusenstern, 1770-1846年）のひきいる探検船です。当時太平洋の北東部の海域については、日本だけでなくヨーロッパでも未知のことが多く、さまざまな地名が知られているものの、それがさしている地域の位置関係がよく知られていませんでした。これを反映して、とくに蝦夷（今日の北海道）と樺太（サハリン）についてさまざまな地図が描かれていたのです。また樺太がアジア大陸の陸続きの半島なのか、あるいは海峡を挟んで島になっているのかについては、ヨーロッパ諸国の探検家の関心

の焦点になっていました。

　なお当時鎖国状態の日本がヨーロッパ諸国ではオランダだけと交渉があることはよく知られており、フランスのラペルーズ（1787年に接近）や英国のブロートン（1796年と1797年に接近）の場合は国交を求めませんでした。これに対してロシアは熱心に国交を開こうとしました。

　ロシアはすでにカムチャツカ半島にペテロパヴロフスク港という拠点を毛皮貿易などのために建設していました。しかし気候が寒冷なためその居住者の食糧の補給に苦しみ、日本との国交を開くことによってとくにこの問題を解決しようとしていたのです。ロシアの使節団に与えられた指令書には、日本との国交が開かれた場合、輸入したい交易品としてコメを第一にあげています（レザーノフ 2000: 383）。漂流してロシアで保護された大黒屋光太夫（1751-1828年）らをラクスマン（Adam Kirillovič Laksman、1766-?年）が送還した時（1793-1794年）に長崎への来訪をみとめられたロシアは、1804-1805年にクルーゼンシュテルンがひきいる世界を周航する探検船を派遣します。それに使節のレザノフ（Nikolai Petrovič Rezanov、1764-1807年）が乗船し、日本との国交を開こうとしました。

　さて最も時期が早い1787年のラペルーズの航海の報告図は、南側（**図4-1：16頁**）がフランス語版（1797年刊）、北側（**図4-2：17頁**）が英語版（1798年刊）でサイズがちがいますが、それぞれの版では同サイズで刊行されました。

　この頃になるとヨーロッパの探検船はクロノメーター（長期間精確に作動する時計）を搭載するようになっており、それを使って経度を測定し、容易に測定できる緯度のデータもあわせて、その航跡が両図に記入されています。ラペルーズの関心は朝鮮半島や今日のロシアの沿海州、さらに樺太（サハリン）の海岸にあり、日本列島にはほとんど接近しませんでしたが、それまでの探検の成果をもとに日本列島を描いています（ラペルーズ著・小林忠雄訳 1988）。この日本列島の形は私たちの見慣れたものとはずいぶんちがいますが、四国の形は、図2-5「68地方に分かれた日本王国」の四国に似ています。また琵琶湖から大阪湾にいたる水路の形を見ると、図1-1「アジア航海図」と類似しています。そのほかでも古い地図をもとにして描かれたと考えられる部分が多く、当時は日本列島についても本格的な探検が要請されていたことがよくわかります。

　なおラペルーズは能登半島に接近し、その沖の舳倉島については建物の様子などを記し、その位置を北緯37度51分、東経135度20分と記していますが、この経度はパリを規準にしていることに注意しておく必要があります。

　またラペルーズの探検船は、今日日本で間宮海峡と呼ばれている海域に関心を持ち、樺太が半島なのか島なのかを確認するための探検を熱心に行いました。それは図4-2のラペールーズの探検船の航跡によくあらわれています。樺太とアジア大陸との間の海は、北に行くほど狭まるだけでなく、水深が小さくなるので、座礁の危険性があり、ラペルーズは船を進めるのをためらいながら前進しました。

　ラペルーズは日本本土には能登半島に接近しただけで、日本人との交渉もありませんでしたが、つぎのブロートンの場合は本州～九州の東岸、蝦夷（北海道）の東岸と西岸、千島列島、樺太の西岸、さらに日本海の北岸を調査しています。またその間2回にわたって蝦夷の噴火（内浦）湾を訪れ、日本人と交渉をもちました。とくにそれに当たった加藤肩吾（1762-1822年）という松前藩の医師とは地図情報の交換を含む交渉がありました（高木2011: 112-113）。加藤はその前に蝦夷を訪問したロシアのラクスマンの使節団に応対し、やはり地図情報を交換するとともにロシア語を学びました。そうしたこともあって、ブロートンはロシア語ができる加藤がペテルスブルグに行ったことがあったと思い込みました。また加藤は2回めのブロートンの来訪時に「たいへんよくできた日本の地図」を、誰からもらったか口外しないようにとことわりながらブロートンに与えました（Broughton, 1804: 100-101 270-272; 氏家・氏家1995）。

　残念ながらブロートンはこの地図について詳しく書いていませんが、時期からみてそれは長久保赤水の日本図であったと考えられます。ブロートンの航海について検討した英国の海図製作家は、この図を使ってブロートンが**図4-3〈18頁〉**に示されている日本列島のうち、測量できなかった部分（とくに日本海側の海岸）を描いたと指摘しています（Ritchie 1967: 60）。もともとの図が小さくて、しかも佐渡島のように形がややちがって

いる部分もありますが、中国地方の日本海岸や能登半島の形は長久保赤水の日本図によく似ています。おそらくブロートンは、この図を描く時に加藤からもらった図を自分の測量データと照合して検討し、このような使い方ができると判断したと考えられます。また図 4-1、図 4-2 に示したラペルーズの図にみられる日本列島と比較すると、私たちが知っている日本列島の姿に大きく近づいています。

なおブロートンは蝦夷の西岸への航海に際し、「日本製の海図」を参照してその記載内容を確認しています（Broughton, 1804: 286, 290）。これは加藤肩吾から得た蝦夷の地図と考えられます。

ここでもう一つ触れておかねばならないのは、ブロートンが長久保赤水の日本図を、自分が測定して得た経緯度の枠組みの中に位置づけているという点です。これに際して、緯度については長久保赤水図に記入されている東西線を参考にしたにちがいありませんが、経度については自分自身の測量データを規準にしたと考えられます。またこの経度は、今日私たちが使っている、ロンドン郊外にあるグリニッジを規準とする経度であることはいうまでもありません。

つぎに来訪したクルーゼンシュテルンの指揮する探検船のうちナジェジダ号には、ロシアの使節レザノフ一行だけでなく、津太夫（1744-1814 年）ら 4 名にくわえて、洗礼を受けてキリスト教徒としてロシアに住むようになった善六（1769-1816 年頃）もあわせて 5 名の元日本人漂流者が乗船していました。国交を開く交渉にあわせて、ラクスマン来航の場合と同様に漂流者の送還という人道的措置を行おうとしていたのです。

この漂流者たちは 1793 年に若宮丸で石巻を出港したのちアリューシャン列島に漂着し、救助されてロシアにうつり、シベリアのイルクーツクで暮らしていました。そこでは大黒屋光太夫（1751-1828 年、日本に前述のラクスマンが送還）とともに漂流してロシアに残留した新蔵（1758-1810 年）と庄蔵が日本語学校の教師をしていました。また庄蔵の死後、善六が教師に任用されました。日本に使を送ることにしたロシアは、漂流民も合わせて送還しようと津太夫らをヨーロッパのペテルスブルグまで陸路呼び寄せたわけです。これに善六が加わることに

なったのは、その語学能力が評価されたと考えられます。使節のレザノフは日本への航海中、おもに善六から日本語を教わり、辞典も作っています（石巻若宮丸漂流民の会編 2003）。

ナジェジダ号とその僚船ネヴァ号はペテルスブルグに近いクロンシュタット港を出航して大西洋を縦断し、南米南端のホーン岬をまわって太平洋に入ります。ネヴァ号とハワイでわかれたナジェジダ号は、そのごカムチャツカ半島のロシアの拠点であるペトロパヴロフスク港に到着しました。この港で善六は下船させられます。キリスト教徒の善六は、当時キリスト教を厳禁していた日本側を刺激すると懸念されたからです。ペトロパブロフスク港で食糧を補給したナジェジダ号は日本列島の南方を通過して九州に近づき、1804 年 9 月下旬、長崎に入港します。そして使節のレザノフは日本との国交を開こうと努力します。

このナジェジダ号の経路は、鷹見家資料の「自魯西亜国府至日本海陸之図（ロシアの首都から日本に至る海陸の図）」（**図4-4：18頁**）に示されています。当時古河藩主の土井利厚（1759-1822 年）は幕府の老中としてレザノフの来航に対する対応の指揮をとりました。それでこのような地図が鷹見家資料にはいったと考えられます。この図からもわかるように、津太夫ら漂流民は世界を一周して日本に戻ることになりました。1793 年に漂流を開始してから 10 年以上もかかったわけです。彼らは、現在わかっているかぎりでは最初に世界を一周した日本人と考えられています（加藤 1993）。

さてレザノフの開国交渉は、よく知られているように幕府の態度が硬く、不成功に終わりました。ただし津太夫ら 4 名の漂流者は日本側に引き渡されました。失意のレザノフは、また長崎を去る際にふたつの地球儀と 3 枚の図よりなるロシア帝国図を 4 組、さらに書物を日本側に贈りました（レザーノフ 2000: 332）。この地図については日本側で翻訳が行われるだけでなく、詳しく検討されました（鮎澤 1962）。

古河歴史博物館の鷹見家資料には、鷹見泉石によるこの図の忠実な写し（**図4-5**「ロシア帝国の一般図」［写し］：**19頁**）が収蔵されています。鷹見泉石は土井利厚の近くに勤務し、この写しを公的な業務として作成した可能性があります。

なお、この図 4-5 では漢字で「松前」、「蝦夷」と書かれた二

つの島が描かれています。今日の北海道南端の渡島半島には当時松前藩の城下町があって和人が多く住み、「松前」と呼ばれていたのですが、それ以外の北海道はアイヌの人たちが居住し、「蝦夷」と呼ばれていました。同じ島の南北で呼び名がちがうことが、この地図の作者にはよく理解されていなかったことのほか、地理的な調査がまだ不十分であったことがわかります。

また鷹見家資料には、レザノフの姿も描いた「魯西亜人図（ロシア人図）」もあります（図4-6：20頁）（永用 1997）。遠い異国から来た人たちの服装をできるだけくわしく記録しようと描かれたと考えられます。

ナジェジダ号は、長崎での交渉のあと日本海を航行して再度日本列島に近づき、津軽半島付近から津軽海峡、さらに蝦夷の西海岸を調査し、宗谷海峡（海外ではラペルーズにちなんでふつうラペルーズ海峡といわれています）からオホーツク海に出て樺太の沿岸も詳しく調査しました。樺太とアジア大陸の間の海峡については、南側から接近したラペルーズやブロートンに対し北側から調査していますがやはり海峡が確認できませんでした。以上の航海でわかったことのうち、九州〜本州の北端については、クルーゼンシュテルンが 1813 年に刊行した『世界周航アトラス』掲載の図4-7〈21頁〉「日本島（本州）と日本周辺海の図」によくあらわれています。

この図には、ブロートンが描いた図 4-3「アジアの北東岸と日本諸島の海図」よりも、もっとはっきり私たちの知っているような日本列島が書かれています。また佐渡島の形は長久保赤水の日本図とほぼおなじであることがよくわかります。この地図には注記がありませんが、クルーゼンシュテルンが 1827 年に刊行した『太平洋アトラス：北半球編』の解説書に、はっきりと長久保赤水の日本図とわかる地図をもとにしてこの図を描いたと記しています。またこの日本製の地図の来歴について、もともとラクスマンが使節として来航した時（1793-1794 年）に入手したもので、その後ロシアの科学アカデミーに寄贈されていたとしています。ただしこの地図はのちに失われてしまいました（Krusenstern 1827: 130-131）。

ラクスマンが松前藩医師の加藤肩吾とのあいだで地図情報を交換したことは、自身の日記に記しています（船越 1984 など）。この日記には、「改正日本輿地路程全図」が交換されたもののなかに含まれていたことをはっきり示す部分はありませんが、すでに触れたイギリスのブロートンと加藤との交流をみると、それがラクスマンに提供された可能性は充分にあると考えられます。

さて図 4-7「日本島（本州）と日本周辺海の図」の日本列島のまわりには、近海を航海したフランスのラペルーズの 1787 年の航跡（ただしクルゼンシュテルンは 1786 年と記入）、イギリスのコルネット（James Colnett、1753-1806 年）の 1791 年の航跡（ただしクルゼンシュテルンは 1789 年と記入）、図 4-3 でみたイギリスのブロートンの 1796 年と 1797 年の航跡のほか、自身の 1804-1805 年の航跡が示されています。ただし、コルネットの航跡については、当時まだその航海記録が刊行されておらず、あとで紹介するようなアロースミス（Aaron Arrowsmith、1750-1823 年）の 1811 年の図（後述する図 6-1「日本および千島諸島などの図」）によったことに疑問の余地はありません（Krusenstern 1827: 130, 161-162）。

これに関連して触れておかねばならないのは、『世界周航アトラス』にはクルーゼンシュテルン自身の測量にもとづき、長崎湾のほか九州の南〜西、対馬、さらに隠岐にいたる海域の海図にくわえて、出羽〜蝦夷の西海岸の大縮尺の海図を作製していることです（Kruzenštern 1813: Tab. 40, 11, 68）。これらの海図にみえる海岸は図 4-7「日本島（本州）と日本周辺海の図」では太い線で示されています。同じような太い線は、東北地方の太平洋岸、房総半島の太平洋岸、伊豆半島、渥美半島、紀伊半島の東南海岸、四国の南西岸についてもみえます。これらはおもにブロートンの 1797 年の航跡に沿っており、西洋船が測量して経緯度などがしっかり確認されていることを示しています。

このような西欧人の探検航海により経緯度が計測された海岸に関するデータをもとに、「日本島（本州）と日本周辺海の図」では「改正日本輿地路程全図」が修正されることになりました。その一つは「改正日本輿地路程全図」にみえる対馬の位置（対馬南部を北緯 35 度線が通過）を大きく南に下げている点です。「日本島（本州）と日本周辺海の図」では、対馬全体を北緯 35

度以南に置いています。類似の操作は隠岐についても行われています。こうした修正は房総半島の南端についてもみられ、その緯度を北緯35度より北に置く「改正日本輿地路程全図」の記載をあらため、「日本島（本州）と日本周辺海の図」では北緯35度より南に位置づけています。対馬や隠岐の場合はクルーゼンシュテルン自身の測量によるものですが、房総半島の場合は本州の東海岸に接近して航海したブロートンらの測量成果を援用したものと思われます（Krusenstern , 1827: 177-178参照）。

以上のようにラペルーズ、ブロートン、クルーゼンシュテルンの描いた日本列島（図4-1、図4-2、図4-3, 図4-7）をならべて見ると、急速に今日私たちが知っているような日本列島の形が知られていったことがわかります。それは、長久保赤水の日本図を参考にしながら、彼らが蓄積してきた測量データで補ってその海岸線を描いたからです。長久保赤水日本図が示す九州～本州の陸地の分布の外形や緯度は、ブロートンとクルーゼンシュテルンの測量成果にほぼ一致し、細部の修正を施せば、本格的な地図ができる見通しをあたえたわけです。

5．ロシアでの「改正日本輿地路程全図」の翻訳・刊行

長久保赤水の「改正日本輿地路程全図」を利用したのは、ブロートンやクルーゼンシュテルンだけではありませんでした。これを参考に日本列島を描こうとした別の例が、さらにふたつあることがわかってきました。

まずロシアでの「改正日本輿地路程全図」の翻訳があります。**図5-1**「日本国の一般図」〈22頁〉 がそれで、上部の枠内に説明があり、その末尾に1809年に刊行されたこと、9等官のKolot'ginと14等官のKiselevが訳したとしています。Kolot'ginは先に触れた大黒屋光太夫とともに漂流した新蔵、Kiselevはナジェジダ号に乗船していてペトロパブロフスク港で下船させられた善六のことで、二人はイルクーツクで日本語学校の教師をしていたことはすでに触れました。官位を示しているのは、二人が公立の学校の教員であったからです。またこれらのロシア名は、彼らがキリスト教に改宗した時に与えられました。なお図5-1の刊行された1809年は、クルーゼンシュテルンが「日本島（本州）と日本周辺海の図」（図4-7）を刊行する前だったことにも注意して下さい。

ところで、江戸時代の日本では、外国に出た日本人がキリスト教徒になることは、海外に永住することを意味しました。キリスト教が禁止されていた日本では、その帰国が認められなかったからです。善六もふくめた若宮丸の乗組員の漂流後の運命は、加藤九祚氏の『初めて世界一周した日本人』で紹介されています。津太夫ら4名は最終的に日本に帰国しましたが、ロシア側に残留した善六は、のちに日本側の捕虜となったロシア海軍将校のゴロヴニン（Vasilij Mihailovič Golovnin、1776-1831年）の釈放に際して、函館でロシア側の通訳を務めました。1813年のことです。善六はこれに際して、自分をロシア人と考え、帰国するつもりはなかったということです（加藤1993: 177-182）。

さて、こうした善六と新蔵が「改正日本輿地路程全図」を訳したとなると、まずこのもとになった地図がどのようにロシア側に渡ったかが問題となります。翻訳図を検討したロシアの研究者は、レザノフの訪日（1804-1805年）の際に入手したとしています（Postnikov 2000: 44-45）。ただしレザノフの残した記録（レザーノフ, 2000など）やその他の関係者の書物を見ると、ロシアの使節団の行動はむしろ厳しく監視され、制限されました。またすでに触れたようにレザノフは日本側へ地球儀や地図（図4-4はその写し）を寄贈していますが、しかし日本側から地図を入手したことは触れられていません。この点から、日本側には地図のような地理情報をロシア側に与えるつもりはなかったと考えられます。また長崎の市街地で日本の地図を購入するようなことも、許されなかったと推定できます。

さて、善六と新蔵が参照した「改正日本輿地路程全図」に話をもどしますと、ロシア側は別のルートでこれを入手したと考えられます。いくつかの資料から、その後に発生した、ロシア海軍のフヴォストフ中尉（Nikolaj Aleksandrovič Hvostov、1776-1809年）とダヴィドフ少尉（Gabriil Ivanovič Davydov、

1784-1809年)がおこなった樺太および択捉島の日本側集落の襲撃(1806-1807年)の際に掠奪されたことが判明しました。この襲撃はレザノフの示唆によって実行されたとされ、日本とロシアの間に強い緊張をもたらしました。日本側が上記のようにゴロヴニンを捕虜にしたのは、そのためです。

当時、択捉島の漁場の取り締まりに従事していた中川五郎治(1768-1848年)は、自身がロシア側の襲撃で捕虜となった経過などを示すために「五郎治申上荒増」という文書を提出しています。そのなかに、ロシア側が奪った地図のうち選ばれたものが、善六によってロシア語に翻訳されたと記しています(秋月翻刻・解説 1994:495-563、とくに539、また大島[1996:170-171]も参照)。五郎治はイルクーツクで善六より直接これを聞いたとしており、その信憑性は高いと考えられます。なお五郎治は、シベリアから帰還するに際して種痘(牛痘)法を導入したことでも知られている人です。

さて新蔵と善六の翻訳図(図5-1)にもどりましょう。この図には南北線と東西線が等間隔で描かれています。この点は長久保赤水の日本図と同じです。すでに見たブロートンとクルーゼンシュテルンの場合は、それぞれ航海中に経緯度観測を行っていて「改正日本輿地路程全図」を修正することができました。しかし新蔵と善六は「改正日本輿地路程全図」の形をそのままにして、主に地名の音訳を行うことになったわけです。図4-1にはロシア文字(キリル文字)で、たくさんの地名が書きこまれることになりました。

これと比較すると、ブロートンの描いた「アジアの北東岸と日本諸島の海図」(図4-3)、さらにクルーゼンシュテルンの描いた「日本島(本州)と日本周辺海の図」(図4-7)は地名がたいへん少なく、同じ地図を参考にしたとは思えないほどです。「日本島(本州)と日本周辺海の図」は陸奥や出羽などの国の境と名前を示していますが、その表記はオランダで刊行された図2-5「68地方に分かれた日本王国」とよく似ています。「改正日本輿地路程全図」の地名を読むことができない以上、大部分の地名についてはローマ字やキリル(ロシア)文字のアルファベットで表記することができなかったわけです。

ただし、のちに「改正日本輿地路程全図」にもとづく本格的日本図を作成しようとしたクルーゼンシュテルンは、その解説書でこの新蔵と善六の翻訳図を厳しく批判しました。クルーゼンシュテルンは翻訳図の地名のキリル(ロシア)文字の表記を検討し、九州の二つの地名を例として示しながら問題点を指摘したのです(Krusenstern, 1827: 132)。

その一方は長崎に近い諫早(いさはや)です。これは難読地名と言ってよいでしょう。クルーゼンシュテルンは、のちに触れることになる1827年に刊行した『太平洋アトラス:北半球編』の「日本帝国図」では"Yesafaia"と表記しています。またもう一つは今日山陽新幹線の駅のある小倉(こくら)です。クルーゼンシュテルンは「日本帝国図」ではKokuraと表記していますが、新蔵と善六の翻訳図ではそれぞれローマ字に直すと"Takarai"および"Ongura"と全くちがう表記になっています。難読地名の「諫早」は別にしても、「小倉」もたとえば「おぐら」と読むことができます。現地で使われている地名の音訳の難しさが分かります。クルーゼンシュテルンは翻訳図の地名を、すでに触れたケンペルの書物に見られる地名と比較してみたようです。諫早は長崎に近く、また小倉はオランダ商館員が江戸参府の際に通過する城下町であり、この読み方は彼らが直接聞くことができた地名です。ケンペルの書物に挿入された地図でもそれぞれ"Isafaja"、"Kokura"と表記されています(Kaempfer 1906: II, 376)。クルーゼンシュテルンは、この相違から翻訳図の地名表記には問題があると評価しました。

ところで新蔵の出身地は伊勢(現三重県)、善六の出身地は石巻(現宮城県)です。九州は彼らの出身地から遠く、また漢字で書かれた難読地名の正しい読み方を知ることは困難だったと考えられます。また彼らの読み方には、とくに善六の方言がはいりこんでいたと考えられます。クルーゼンシュテルンの指揮するナジェジダ号にペトロパブロフスクまで同乗した善六からおもに日本語を教わったレザノフは、それから『露日辞書』(レザーノフ編著・田中訳 1997参照)を作製しました。これに記載された語彙は善六の出身地の方言を強く反映するものであったことが指摘されています(大島 1996: 104-113)。「日本国の一般図」に示された地名でも音訳に方言が反映したと思われるものが少なくありません。

なおクルーゼンシュテルンは他方で音訳表記を担当したのは新蔵や善六ではなく、イルクーツクの日本語学校の生徒たちで、彼らはそれに署名しただけであると記しているのは興味深いことです。ロシアの官位をもつ教師としての新蔵と善六の名誉を守るためにクルーゼンシュテルンはこのように書いたのだと考えられます。クルーゼンシュテルンの人柄がしのばれます。

ところでレザノフは、この『露日辞書』の序文で、「私は同行した日本人たちより日本語を学びましたが、彼らは庶民階級の人間であるため、抽象的な概念を表す言葉は彼らの理解の外にあり、・・・」と述べています（レザーノフ編著・田中訳, 1997: 8）。彼らは庶民出身の船乗りで、ロシア語に対応する日本語の語彙に関する知識を充分にもたず、訳語の選択に苦労したことがうかがえます。

江戸時代の日本人海外漂流者の通訳としての役割については、他の例でも共通した限界がみとめられます（春名 1978; Beasley 1991）。大黒屋光太夫のような高い教養を持った人もいましたが、多くの漂流者は庶民出身の船乗りで、むつかしい漢字で書かねばならないような用語の翻訳には苦労し、時には誤訳も伴いました。

なお、新蔵と善六の翻訳図を検討すると、伊豆諸島の御蔵島と八丈島の間に黒潮を示していますが、鹿児島県の種子島・屋久島の南に鬼界島をしていません。これは彼らの見た「改正日本輿地路程全図」が初期の安永年間の刊行によるものではなくて、寛政3年（1791）版であったことを示唆します（図3-1参照）。またこの時期刊行の「改正日本輿地路程全図」が、1806-1807年には、はるか北方の島でも使われていたことが分かります。

6. アロースミスの日本および千島列島図

長久保赤水の「改正日本輿地路程全図」を使って作られた地図のもう一つは、イギリスの地図作製家アロースミス（Aaron Arrowsmith、1750-1823年）が1811年に刊行した図6-1「日本および千島諸島などの図」〈23頁〉です。アロースミスは有名な地図製作家で、世界各地に関するたくさんの地図をつくって出版するほか、地図帳（アトラス）も製作しました。18世紀末～19世初期の東アジアの地図の発展を考えるに際して、アロースミスの作った地図の役割を無視することができません。アロースミスが作った東アジアの地図は基本的に海図です。彼自身が測量することはありませんでしたが、探検航海の報告を集めて、その成果を迅速に海図に反映させたのが彼の事業の特色です。彼が作った東アジアの海図は何点もあり、時期を追うようにしてそれらを並べてみると、西欧側での地理的な認識の発展がよくわかるほどですが、ここでは長久保赤水の日本図が使われたことがはっきりとわかる図6-1「日本および千島諸島などの図」を見てみましょう。この図はすでに見てきたラペルーズやブロートンの図、さらに新蔵と善六の翻訳図よりは時期が遅いのですが、クルーゼンシュテルンの「日本島（本州）と日本周辺海の図」（図4-7）よりは早い時期に描かれたことに注意しておきましょう。

ところで、アロースミスがどのようにして「改正日本輿地路程全図」を入手したかについてはよくわかっていません。すでに見たように「改正日本輿地路程全図」は日本国内では市販されていたものでした。禁制品だったとはいえ、長崎のオランダ商館勤務のオランダ人を通じてヨーロッパにもたらされた「改正日本輿地路程全図」が、当時高名な地図作製家だったアロースミスのもとに持ち込まれた可能性は充分あります。また、それを見たアロースミスは、すでにこの地域の海図を描いていた経験から、従来の日本図との違いをすぐに認識したと考えられます。

図6-1にみえる日本周辺の探検船の航跡を見てみましょう。最も古いものが1791年のアルゴノート号（Argonaut）の航跡で、図4-7「日本島（本州）と日本周辺海の図」の説明で触れたコルネットによるものです。つぎは1796年のプロビデンス号（Providence）の航跡で、ブロートンによるものです。ブロートンは1797年5月に宮古諸島の八重干瀬でプロビデンス号を

失いますが、補助のスクーナーという型の船で探検をつづけました。その航跡については、"Capt. Broughton 1797"（ブロートン船長、1797年）と記しています。なお、宗谷海峡についてはラペルーズ海峡と記し、また樺太の海岸付近の測深についてもラペルーズの成果を掲載していますが、その探検船の航跡については触れていません。他方クルーゼンシュテルンの探検船の航跡に触れないのは、まだその『世界周航アトラス』が刊行されていなかったからです。

ここで気になるのはやはり未刊行だったアルゴノート号の航海記録をどのようにアロースミスが入手したかという点です。当時は英国の海図を作る公的機関であった海軍の水路部（The Hydrographic Office）は1795年の発足からまだ歴史が浅く、英国海軍の船でも水路部に航海記録をもたらさず、民間の海図製作者にそれを送る場合があったことが、ダルリンプル（Alexander Dalrymple、1737-1808年、初代英国水路部長）の書簡から推測できます（Wood 2012）。アルゴノート号は英国海軍の船ではなく、北米西岸で先住民から買い取ったラッコの皮をたくさん積んだ商船でした（Howay 1940）。英国海軍の将校でもあったコルネットが、航海記録や作製した海図をアロースミスにもたらした可能性は充分にあります。

つぎに図6-1と長久保赤水の「改正日本輿地路程全図」との関係を検討しましょう。東北地方や佐渡の海岸の形などは「改正日本輿地路程全図」に類似しています。しかし九州北部や中国地方西部の日本海側の海岸線の形はかなり違っています。これからすると、「改正日本輿地路程全図」以外に別の図もみたのではないか、と思われる方も少なくないでしょう。この場合注目されるのは、この九州北部〜中国地方西部のの日本海側には接近しているのはアルゴノート号という点です。アルゴノート号の航海記録は、1940年になって刊行され、現在容易に見ることができます（Howay ed. 1940）。図6-1の航跡にあらわれているように、九州の北側から中国地方の北側にかけて海岸に接近したり離れたりしながら航海し、積み荷のラッコの皮を売りたくて日本側との接触を何度も試みました。その間の海岸線を示した地図が航海記に掲載されていますが、今日の地図と比較してみますと、ずいぶん大胆な推測を交えていて、充分に精確なものとはいえません。他方これを図6-1と比較してみると、アロースミスは「改正日本輿地路程全図」にみえる海岸線を無視して、アルゴノート号の航海記にみえる図（Howay ed. 1940: 246-247）によって九州の北岸から中国地方西部の北岸を描いたことが明らかです。

なお、この書き換えについては、クルーゼンシュテルンが検討しています。クルーゼンシュテルンはアルゴノート号の航海記を入手することはできませんでしたが、アロースミスには従わず、「改正日本輿地路程全図」をもとにこの部分の海岸線を描きました。

もう一つアルゴノート号の航海に関連して重要なのは、その日本側との接触の試みは、沿岸の藩だけでなく幕府も刺激したことです。筑前福岡藩の場合は、その翌月に「異船防禦」のため船から試験的な砲撃を行いました。また幕府は筑前・長門・石見沖に異国船が接近したとして、それと接触する場合の心得を公布しています（川添ほか校訂 1983: 221-223）。

ところでフランスのシナ学者アベル-レミュザ（Jean Pierre Abel-Rémusat、1788-1832年）は「改正日本輿地路程全図」を高く評価し、1817年にその紹介記事を書いています（Abel-Rémusat, 1817）。その中で、イギリスのアロースミスが「改正日本輿地路程全図」にみえる日本の海岸線をトレースしてそのアジア図に掲載したが、元図に記載された地名の文字が読めず、ケンペルの書物掲載の図（図3-4）が示したよりわずかに詳しい区界（les divisions）の掲載に甘んじになければならなかったというと記しています。ただし図6-1にみえる地名は、図4-7に示したクルーゼンシュテルンの図よりは多く、国名以外にも、各地の地名を掲載しています。この地名を検討したところ、1750年にパリで刊行された"L'Empire du Japon"（日本帝国）というタイトルの日本図の地名（ワルター 1993: 148-149; Walter 1994, No.86）によく似ていることがわかりました。やはり「改正日本輿地路程全図」の地名は読めませんでしたが、図2-5に類似する日本図の地名を利用したわけです。

なおアロースミスもクルーゼンシュテルンと同様に対馬の位置を南に動かしていますが、隠岐についてはそのような操作をしていません。これはコルネットやブロートンが隠岐の近くに

接近しておらず、訂正するのに必要な探検の成果がなかったからと考えられます。

アロースミスの図でもう一つ無視できないのは蝦夷（北海道）の形です。今日私たちが接する地図に見られるような形が、あらわれてきています。これは、すでに見てきたようなラペルーズの図（図 4-2）、さらにはブロートンの図（図 4-3）によって描いたことが確実です。アロースミスはこのように蝦夷についても探検航海の結果を地図に迅速に反映させていたのです。

そこで気になるのが、この頃に日本では蝦夷がどのように認識されていたかという点です。それを示すのが 1810（文化 7）年に作製された「新訂万国全図」（**図6-2：24頁** ）です。幕府天文方の高橋景保が編集したものです。ここに見られる蝦夷はアロースミスの図にみられる蝦夷よりも、今日私たちが接する地図の北海道に近いことがわかります。18 世紀末以後、近藤重蔵（1771-1829 年）や最上徳内（1754-1836 年）などによって蝦夷の調査がかなり進み（秋月1999: 216-262）、その成果をふまえていると考えられます。ヨーロッパの探検船の成果と日本人の探検の成果が、同じ頃に同じような蝦夷の海岸線をあきらかにすることになったのは興味深いことです。ただし高橋景保は、そうした蝦夷を経緯度のある図に位置づけるために、ロシアや英国の図と日本人の測量成果を比較対照することになりました（船越1992）。

「新訂万国全図」でもう一つ興味深いのは、津軽海峡以南の日本列島です。このもとになったのは、1809（文化 6）年に作られた「日本輿地図藁」という地図と考えられています。その説明には、すでに伊能忠敬らの測量はかなり進んでいるが、九州などまだそれが終了していない地域があり、そうした地理がよくわかっていない地域については、「水府長窪某ノ刊本及諸家質正ノ諸図」を選んで描いたとしています（船越1992）。「水府」は水戸のことで、「長窪某」は長久保赤水をさしています。伊能忠敬ら測量がまだおよばないところについては、なお「改正日本輿地路程全図」など既存の図に頼っていたわけです。

ところで、アロースミスの日本図は、その後しばらくの間広く普及したようです。**図6-3〈25頁〉** は 1815 年刊行と時期が早いのですが、その系譜をひく一般図です。九州北部〜中国地方西部の日本海側の海岸線は、図 6-1 によく似ています。地図帳の 1 ページとして刊行されました。陸上には一部を除いて地名が少なく、上記の課題が解決されていなかったことも分かります。また、こうしたアロースミスの図に代わって、1835 年以降はクルーゼンシュテルンの日本図（「日本帝国図」）にもとづく図が普及します。これについては、のちに詳しく触れます。

7. オランダ商館長ティツィングの「改正日本輿地路程全図」にみえる地名の音訳

長久保赤水の「改正日本輿地路程全図」が初めて刊行された頃、これを研究して、本格的な日本図を作りたいと思った人が当時の長崎出島にいました。オランダ商館長のティツィング（Isaac Titsingh, 1745-1812 年）です。ティツィングは 1779 年 8 月〜1780 年 12 月、1781 年 8 月〜1783 年 11 月、1784 年 8 月〜11 月と 3 度にわたってオランダ商館長をつとめました。まさに長久保赤水の日本図が刊行され始めた時に、ティツィングの長崎における最初の任期がはじまったわけです。ティツィングはまた、2 度江戸参府を行いました。江戸参府では、オランダの外交使節として将軍に謁見することを主目的としていますが、それに際して日本の地理を知るだけでなく、オランダに関心を持つ日本人に会うこともできました。ケンペルの頃から 90 年ほども経過し、日本では蘭学がさかんになっていたのです。ティツィングは島津重豪（1745-1832 年、薩摩藩主）、朽木昌綱（1750-1802 年、丹波福知山藩主、蘭学者）、桂川甫周（1751-1809 年、医師、蘭学者）らと交流するほか、日本関係資料を収集しました（Boxer, 1968: 135-147）。

ティツィングは長崎や江戸で購入したと思われる「改正日本輿地路程全図」には地方（国）別に地名の脇に番号を記入しました。それぞれの地名の読みを長崎の日本人通詞から聞き、地方（国）別の番号に続いてアルファベット（ただしオランダ語綴り）の地名を記入した表を作りました。またティツィングは

離日後も書簡により長崎の日本人通詞の助力を得ながら、その膨大な地名の読みを把握する努力をつづけたことがわかっています（松井・レクイン 2009）。各地方（国）別にティツィングが付けた番号から地名の数を求めますと、4千以上に達します。これからしても、帰国してからティツィングが「改正日本輿地路程全図」をもとにする詳細な日本地図を作りたいと考えていたことが明らかです。

離日後のティツィングはベンガルのチンスラ（今日のインド西ベンガル州）のオランダ植民地に派遣され1792年3月まで知事を務めました（Boxer, 1968: 147-154）。その間も日本研究にはげみ、チンスラへの来訪者にそのコレクションを紹介しました。このなかにはJoseph François Charpentier de Cossigny（1736-1809年、当時フランス領であったIle de France［現モーリシャス］の政治家）がおり、その著書 Voyage au Bengale の一節でティツィングの日本資料を紹介しました（Charpentier de Cossigny 1799）。それによれば、ティツィングの収集した地図には長崎の地図などのほかに、大きく詳細な日本人作製の日本図があり、西欧のものと同様の方位により、行政区画が色分けされ、また図の下部に記号の凡例があるとされています。またそれに掲載された主要な場所には番号が付され、別にティツィングが保有する目録と対照できるようになっていると記されています。

こうしたティツィングの収集資料の紹介は、当時ロンドンで刊行されていた The Monthly Magazine, or, British Register に転載されました（Anonymous 1800）。この頃の西欧社会が日本に関する情報に強い関心をもっていたことがよくわかります。

ベンガルからバタビアに戻ってからティツィングは中国への大使となり、1795年1月には北京に到着し、乾隆帝に謁見しますが、広東に帰着して以後は引退してヨーロッパに帰りました。以後、収集してきた資料の翻訳や研究成果の刊行を試みますが、それが困難ななかで1812年2月に死去することになりました（Boxer 1968: 155-166）。

ティツィングの資料がふたたびヨーロッパで話題になるのはその死後となります。ティツィングの収集した資料をどのように活用していくかは知識層の話題となりました。すでに触れたアベル・レミュザは、「改正日本輿地路程全図」にみえる地名の活用にたびたび言及するほか、その死により他の歴史的・地理的作業と同様に、関連する重要な仕事が不完全なままになって、利用されずに忘れ去られようとしているのが残念と記しています。またティツィング本人でないと補えない資料の不完全な点や、オランダ語以外の言語の表記の問題点を指摘し、その修正を行うには中国語（主として漢字に関する知識と考えられます）や日本語の知識をもった人が必要であるとしています（Abel-Rémusat, 1819; 1829: 55）。

ところで、今日のヨーロッパやアメリカでは主要な図書館に多くの「改正日本輿地路程全図」が収蔵されています。これらは発刊以後「改正日本輿地路程全図」がたびたび国外に持ち出されたことを示しています。この中には地名の脇に番号を記入したものがいくつかあります。松井・レクイン（2009）はオランダのライデン大学図書館にある「改正日本輿地路程全図」と、やはりオランダのハーグのネーデルランド王立図書館所蔵の、それに付随する地名表について報告するほか、ロンドンの大英図書館にある地名表に言及しました。その後私たちの調査で、地名の脇に番号を記入した「改正日本輿地路程全図」は、ワシントンのアメリカ議会図書館のほか、パリのフランス国立図書館にもあることもわかりました。現代はインターネットで多数の地図の画像を検索することができますが、フランス国立図書館の場合は、それでこの種の図の収蔵を知ることになりました。さらにパリではその現物の調査をしたところ、新たにもう一つ地名に番号を付した「改正日本輿地路程全図」のあることもわかりました。

これらを整理すると、次の表のようになります。

番号	所蔵機関	当該図の刊行時期	セットになる地名表の所蔵機関
1	ライデン大学図書館	安永版早期（図7-1）	オランダ王立図書館（図7-2）
2	フランス国立図書館	安永版早期	
3	フランス国立図書館	安永版後期（図7-3）	大英図書館（図7-4）
4	アメリカ議会図書館	安永版後期	未発見

まず地名を示す「改正日本輿地路程全図」は大きく二つに分類できます。安永8年刊行と刷られたものは、とくに下北半島の形と、陸奥国の地名の多さから前後二つに分類できます。下北半島がペン先のようにとがったかたちで描かれ、陸奥国の地名が少ないものが早期に作られ、下北半島が斧方で、陸奥国の

地名が多いものがそれより遅いとされています。オランダにある「改正日本輿地路程全図」（番号1）はとがった形の下北半島も陸奥国の地名の少なさから、早期と考えられ、オランダ王立図書館にある地名表と一つのセットになることが分かりました。またフランス国立図書館の安永版早期の地図（番号2）はやはり早期のもので、同様にオランダの王立図書館の地名表とセットになるようですが、この図に対応する地名表がもう一つあったと考えるのが妥当でしょう。

　図7-1〈26頁〉 は番号1の「改正日本輿地路程全図」です。番号1の蔵書票には、この図がもともとクラプロートの所有であったが、のちにシーボルトがのちに所有することになったことが示されています。クラプロート（Julius Klaproth, 1783-1835年）はつぎに紹介するように、ヨーロッパで初めて日本の書法について本格的に研究したドイツ出身の言語学者です。クラプロートはこの成果をもとに日本に関するくわしい地図を作ろうと考え、このティツィングの遺品を入手したと考えられます。この図では、長崎周辺の地名が朱字のアルファベットで示されているほか、他の多くの地名についてはその脇に一連番号（ただし地方［国］別）が付されています。

　これとセットになる地名表の冒頭が**図7-2〈28頁〉** です。この表では、南の1番大隅からはじまり、2番薩摩、3番日向とまず九州を北上します。しかし、九州を外れると急に淡路に飛び、さらに四国、中国地方に移りますが、中部地方以東の国の順序はかなり乱れます。また地名はオランダ綴りで、大隅の1番「馬越」は"Oemagosi"と表記されています。

　この地名表が図7-2に示したもとクラプロート所有の「改正日本輿地路程全図」とセットだとすると、これもクラプロートのものだったのではないかと思えてきますが、今のところその証拠はないようです。

　次のフランス国立図書館の番号3（**図7-3：27頁** ）は、斧形に下北半島が描かれ、陸奥国の地名が多く、安永版後期に属し、ペン先形の下北半島を示すライデン大学図書館所蔵図よりも刊行が新しいことがわかります。さらにもう一つ見逃せないのは、国ごとの彩色がないことで、1820年代にワイマール大公所蔵図との関係で問題となったティツィング旧蔵図の特色を思い出さ

せます。ティツィング旧蔵図の一つはのちに紹介するワイマール大公所蔵図とサイズは同じだが国ごとの彩色がなく、別の図と考えるべきであるとの議論が行われたのです（Anonymous, 1824）。「改正日本輿地路程全図」の国ごとの彩色は手描きでした。このために彩色が一定しませんでした。これによって発生した「改正日本輿地路程全図」の多様性に関する認識がまだヨーロッパにはなかったことを明示しています。

　表に示したように大英図書館の地名表（**図7-4：28頁** ）と照合してみるとよく一致し、セットになっていたことが分かります。幸い大英図書館の地名表には注記があって、クラプロートの蔵書から1850年に購入したとしています。大英図書館はこれ以外にもクラプロートの資料を購入しています。

　クラプロートはパリを中心に活躍した人で、これとセットになる番号3の「改正日本輿地路程全図」（図7-3）もおそらくもともとはクラプロートの所有していたものと思われます。重要なティツィング関係の資料をまとめてもっていたクラプロートは、ヨーロッパに来た「改正日本輿地路程全図」についてはキーパーソンであることがわかります。

　ところでケンブリッジ大学のコーニツキー名誉教授によると、クラプロートはティツィングの遺品が売りに出た時にその一部を購入したとのことです（コーニツキー 2018: 41）。ティツィングがなくなったのが1812年ですから、この購入はそれ以後のことと思われます。ティツィングの旧蔵資料は日本関係のものが多かったと考えられ、言語学者としてクラプロートは日本語に強い関心をもっていたことがわかります。

　このように見てくると、図7-1、7-3、7-4に示した資料が、この購入によってクラプロートのものになったと思えてきますが、そう考えるのは早計のようです。すでにアベル—レミュザの「改正日本輿地路程全図」に関する論評を紹介しました。それが執筆された時点には、「改正日本輿地路程全図」と地名表のセットをアベル—レミュザが所持していたことがわかります。このセットが今までみてきた新旧二つのセットのどちらに当たるかは興味深い問題ですが、新しい方のセットがその後クラプロートのものとなり、地名表だけ最終的に大英図書館に収蔵された可能性も考えられます。

さて、図7-4に示した地名表は、製本されたノートに記入されていますが、下書きという性格が感じられます。国の順序は陸奥・出羽から始まり、順次南下して関東、東海に至り、近畿・中国を経過して淡路を経て四国から九州に移り、薩摩に至って、あとは壱岐・対馬・隠岐・佐渡、さらに八丈と島嶼をカバーしています。また個々の地名に関する注記が見られる場合も多く、下書きらしい点も感じられますが、整然としています。なお、この地名表でも表記はオランダ語綴りで、たとえば冒頭の陸奥は"Moets"と表記されます。

最後のアメリカ議会図書館の安永版後期の「改正日本輿地路程全図」（番号4）にみえる地名の脇に記入された番号のまえには、"N"の文字が記入してあり、今までみつかっている図とはちがうことがうかがえます。また今まで分かっている二つの地名表のいずれとも一致しません。

ともあれ、クラプロートが本格的に研究したのは、表の3にみえる「改正日本輿地路程全図」（図7-3）と大英図書館の地名表（図7-4）のセットだったことは明らかです。つぎにその地名研究についてみてみましょう。

8．クラプロートの日本語表記研究とティツィング収集地名の改定

長崎のオランダ商館に来ていたティツィングが「改正日本輿地路程全図」に記入されている地名をもとに集めた音訳資料を、日本語にくわしいクラプロートが入手して研究したことがわかりましたが、クラプロートはどのようにして日本語について学んだのでしょうか。

アジアの言語研究をしていたクラプロートは、ロシアから中国に派遣された調査団に参加します。ただし最初に望んでいた中国の調査はできず、旅行の途中、1805-1806年にシベリアのイルクーツクで先に触れた元日本人漂流者の新蔵に出会いました。新蔵はイルクーツクで日本語学校の先生をしていました。ここでクラプロートは、数ヵ月間日本語や仮名文字、漢字の読みを新蔵から教わり、簡単な辞書といえるようにものも作りました。なおイルクーツクには津太夫や善六が住んでいたのですが、ナジェジダ号に乗船するため、1803年の3月にはペテルスブルグにむけて出発していました（加藤1993: 77）。

ここで重要なのは、クラプロートが中国の漢字についてすでに充分な知識を持っていたことですが、もう一つ見逃せないのは新蔵がもっていた『早引節用集』でした。節用集は江戸時代以前から毎年のように刊行されていた辞書で、とくに漢字の読み方を示しています。**図8-1〈29頁〉**には、『早引節用集』（寛政8［1796］年刊）の「い」の冒頭を示しています。新蔵がもっていた『早引節用集』（安永5［1776］年刊）よりあとのものになりますが、図8-1に示した部分は安永版と同じことを確認しています。行書体の大きな漢字の右側に平仮名で、左側に楷書体の小さな漢字と片仮名でそれぞれの読みを示しています。漢字についてすでに知識を持っていたクラプロートに適した辞書だったと考えられます。

日本語の書き言葉には漢字が混じり、その漢字には音読みと訓読みがあって、日本人の子供たちだけでなく、外国人にも苦労が必要です。この複雑な日本語の書法について最初に体系立って解説したのはクラプロートと考えられます（Klaproth 1829）。クラプロートは、新蔵が漢字について充分な知識を持っていなかったと指摘していますが、イルクーツクでの二人の出会いはヨーロッパ側での日本語研究の大きな転機になりました（Kornicki 1999; コーニツキー 2018: 41-45）。

図8-2〈29頁〉は大英図書館に収蔵されているクラプロート作製の辞書の冒頭部分です。『早引節用集』と新蔵の説明によって作られたと考えられます。漢字の両側に漢字の音読みや訓読みを配置し、左側にはその読みと意味をドイツ語で示しています。その意味を見ると「家」の場合のように、訳語（Zimmer: 部屋）が正しくない場合もみとめられ、作業が容易でなかったことがうかがえます。なおこの部分の元本は右側に見られる『倭漢節用無双囊』という、やはり『節用集』の一つだったようです（コーニツキー 2018: 44）。

クラプロートはこれで得た知識をもとに新蔵の持っていた東アジアの地理の解説である『三国通覧図説』(著者は林子平、1785年刊)を翻訳するほか（1832年)、ティツィングが翻訳に着手していた歴史書の『日本王代一覧』(1652年成立)の校訂を行いました（Titsingh 1834)。またティツィングが収集した「改正日本輿地路程全図」の地名の音訳資料を、その日本語の書法に関する知識をもとに校訂しました。それに際しては、たくさん地名を示した新しい日本地図を作ろうとしていたようですが、残念ながらそれは実現しませんでした。

しかし、クラプロートは「改正日本輿地路程全図」を元図にして、フランス語綴りの地名を掲載した資料をつくってロシアの参謀本部地図庫に送っていたのです。クルーゼンシュテルンは、『世界周航アトラス』に掲載した「日本島（本州）と日本周辺海の図」を改めて、『太平洋アトラス』のために作製しようとしていた「日本帝国図」の素材として利用されることになりました。

この場合、クラプロートがどのようにティツィングの残した資料にもとづき、アルファベット表記の地名を示す資料を作ったのか関心を持っていたところ、明らかにロシアに送った地図を準備する際に作られたと考えられる地図が、ロンドンの大英図書館で発見されました。ここでは、その画像を示して特色を考えてみましょう（図8-3～8）。

興味深いことにここに示されている地名は、ドイツ語綴りでした。ドイツ語はクラプロートの母語です。ティツィングが聞き取って記したアルファベットは、すでに示しましたようにオランダ語綴りで、ドイツ語とは同系統です。当時は、まだ現在使われるような発音記号がない時代で、慣れたドイツ語綴りでそれを記すことになったと想像されます。

なお、このひとまとまりの地図の末尾には、英語書きの簡単なメモがあり、それから1840年の4月にパリでクラプロートの蔵書から大英博物館が購入したことがわかります。また図7-4に示した地名表が購入されたのが、すでに示したように1850年の2月27日、さらに図8-2に示した辞典が購入されたのが1856年5月24日であることも同様に知ることができます。別々の時点に売却された資料が大英博物館に収蔵された背景には、収集にあたった人が一貫した関心をクラプロート作製の資料によせていたことが想定されます。そして1973年の大英図書館の発足とともに、同館に移管されたわけです。長久保赤水の日本図がたどった道をこのように追跡できるのは、こうした関心のおかげということも付記しておきたいと思います。大英図書館にはほかにもクラプロート旧蔵の資料があり、それらを合わせてみると、この関心がどのようなものであったかよく理解できる可能性があります。

「改正日本輿地路程全図」では、城下町を赤く着色した四角で示しています。図8-3〈30頁〉でも同様で、その地名を検討してみましょう

「改正日本輿地路程全図」の地名	図6-3に示された番号	クラプロートの地名表に記入されたオランダ語綴り	クラプロートの図に示されたドイツ語綴り
弘前（ひろさき）	陸奥427	firomaj	FIROMAI
八戸（はちのへ）	陸奥382	yatsido	YATSUDO
盛岡（もりおか）	陸奥281	morioka	MORIOKA
秋田（あきた）	出羽36	akita	AKITA
本庄（ほんじょう）	出羽55	fonzjoo	FONSIOO
シン庄（しんじょう）	出羽84	sinzjoo	SSINSIOO

弘前や八戸のような難読の地名は、城下町であっても長崎のオランダ語通詞には読めなかったようです。しかしその他では問題なく読めています。

東北地方～関東地方を示す図8-4〈31頁〉にはたくさんの城下町がありますが、現在の茨城県の難読地名を見ると、水戸（みと）のような大きな城下町はよく知られていたと考えられますが、古河（こが）の場合に"FURUKAWA"とするなど、やはり長崎の通詞には読めなかった場合が少なくなかったことがわかります。

東海地方～近畿地方（図8-5：32頁）になると、江戸参府の際に通過する地域であり、極端な誤読は少なくなるように思えますが、掛川（かけがわ）の場合、"KAKEYAMA"と読んでいるのは、ティツィングの地名表のアルファベット表記の問題があると考えられます（"gawa"は"yama"と誤読されやすい）。ただしこの場合、「改正日本輿地路程全図」にみられる漢字やケンペルの旅行記の付図に記載されている地名と照合すれば訂正できたはずです。地名が多すぎて、このような照合ができなかったのでしょうか。

近畿地方〜中国・四国地方を示す**図8-6〈33頁〉**でも城下町の高知（こうち）を"TAKATSI"、出石（いずし）を"DEYSSI"とするような誤読があり、長崎の通詞の地理的知識の限界が感じられますが、枚方（ひらかた）のような難読地名を"Firakata"としているのは、主要街道に沿っており、江戸参府に同行する通詞がよく知っていたことをうかがわせます。

九州地方を示す**図8-7〈34頁〉**でも佐賀（さが）を"SAYYA"とするような場合もありますが、多くの城下町の地名の読みはほぼ正しく、長崎からの距離が通詞の地名に関する知識に影響していたと推測できます。

最後の**図8-8〈35頁〉**は隠岐と対馬となりますが、「改正日本輿地路程全図」の図示範囲を反映して、朝鮮本土や沖合の「竹島」・「松島」までも地名を示しています。

クラプロートがフランス語綴りの日本の地名をロシアに送付し、それをクルーゼンシュテルンが使用したことはすでに触れました。クラプロートが最初に準備したのは、これまで検討したようなドイツ語綴りで地名の音訳を示した日本図だったことに疑問の余地はなく、この音訳をフランス語綴りに変えたのは、おそらくその方が、西欧では利用する人が多いと判断したからと考えられます。ロシアでは上流階級でフランス語がよく使われていたことも考慮されたでしょう。

つぎにこの資料をどのようなかたちで送ったのかが気にかかります。今まで私たちはティツィングの資料のように、地名の脇に番号を記した「改正日本輿地路程全図」（あるいはその写し）と地名表を送ったと考えてきましたが（小林・鳴海2018: 8）、上に示した大英図書館蔵のクラプロート作製の日本図を見てからは、「改正日本輿地路程全図」をトレースした図に直接アルファベットの地名を記入したかたちで送ったと考える方が適切と考えています。

なおクルーゼンシュテルンは、クラプロートから送られたものには、「改正日本輿地路程全図」が含まれていなかったと記しています。はじめから地図の形式になっていれば、「改正日本輿地路程全図」を送る必要はなかったわけです。クラプロートの死後に作られたその蔵書目録には、「改正日本輿地路程全図」と判断できる地図が2点含まれています（Anonymous, 1839: 35-36, No.133, 134）。彼が現物をロシアに送らなかったのは、それを所持していなかったからではなかったと推測してきましたが、以上のような事情を考えれば納得できます。

ところでなぜクラプロートはこの資料をロシアに送ったのでしょうか。彼がロシアの使節団に参加してアジアで調査を行ったことはすでに前節で紹介しましたが、彼はさらにロシアの科学アカデミーの協力者に任命され、アジア諸語の教授とされていたことが（Kornicki, 2000）、この送付の背景の一つになっていたと考えられます。

このようにしてクラプロートが整備した日本の地名音訳は、ティツィングの聞き取った地名（オランダ語綴り）を、それに当たる漢字の仮名による表記と照合してまずドイツ語綴り、そしてフランス語綴りに音訳したものということになります。中には誤りもあるとはいえ、音訳としては本格的なもので、当時のヨーロッパで入手できる最良のものであったことは確実です。クルーゼンシュテルンはヨーロッパの大貴族、ワイマール大公から「改正日本輿地路程全図」が提供されるだけでなく、こうした日本の地名の音訳表記を入手できたという経緯が、つぎに紹介する彼の「日本帝国図」の作製の重要な動機となったことがよく理解できます（Krusenstern, 1827:130-131）。

9．クラプロートの地名研究をとりいれたクルーゼンシュテルン「日本帝国図」の作製

クルーゼンシュテルンは、『世界周航アトラス』所収の「日本島（本州）と日本周辺海の図」（図4-7）を改めて、『太平洋アトラス』のために「日本帝国図」（**図9-1：36頁**）を新たに作製することになったのは、「改正日本輿地路程全図」が提供されたことに加えて、そこにみえる地名の音訳表記を入手し、「日本島（本州）と日本周辺海の図」よりもすぐれた地図ができる手がかりが得られたからです（Krusenstern, 1827:130-131）。「改正日本輿地路程全図」は多数がヨーロッパに持ち込まれて

いたとはいえ、クルーゼンシュテルンはそれを常時参照できるようになって、「日本島（本州）と日本周辺海の図」を改訂する必要を感じたと考えられます。また本格的な地名の音訳表記を得て、詳細に地名を示すことができるようになり、それまでの日本図を一新できる見通しが得られたわけです。

ここではクルーゼンシュテルンが、「日本帝国図」を準備するにあたって、「日本島（本州）と日本周辺海の図」を土台にして、どのように本州以南の日本列島の経緯度を検討したか見ていきましょう。まず「日本島（本州）と日本周辺海の図」の経度はグリニッジの本初子午線から西側に向かって数えられていましたが、「日本帝国図」では今日使われるような東経で表記されるようになりました。またワイマール大公提供の「改正日本輿地路程全図」の検討をすすめ、その地図投影法のほか経緯度表示の特色の理解を深化させています。これに見える東西線は緯線で、その誤りは少なく、大きい場合でも 30 分程度と判断しました。これに対して南北線については、自身の測量成果と比較して、その間隔が経度にして 1 度 15 分程度になると算出することになりました（Krusenstern, 1827: 136-137）。経線の間隔は、低緯度から高緯度に向かうほど狭くなります。「改正日本輿地路程全図」では緯線と同じ間隔ひかれた南北線のカバーする経度が 1 度よりも大きくなるのは当然です。

これに関連して重要なのは、1811 年 9 月から 1813 年 8 月まで松前に抑留されたロシア海軍士官のゴロヴニン（1776-1831 年）の著書により、クルーゼンシュテルンが間宮林蔵（1780-1844 年）の測量技術について知識を得たことです。間宮林蔵は伊能忠敬から技術を教わり、とくに蝦夷（現北海道）や樺太の測量に従事しました。クルーゼンシュテルンはこれを通じてさらに「改正日本輿地路程全図」の特色の理解を深めたのです（Krusenstern, 1827: 136-137）。

間宮は抑留中のゴロヴニンを訪れ、英国製とオランダ製の六分儀という角度をはかる測量器具をみせ、これによる太陽観測とオランダ製の数表によって緯度が正確に計測できるが、経度の計測はどのようにするのか教えを乞いました（ゴロヴニン 1943: 上 367-373）。クロノメーターを使わない経度測定法として当時は「月距法」（田中・小林・島村 2012 参照）が使用されて

おり、ゴロヴニンはその説明をしようとしました。しかし抑留中のため必要な天文暦がありませんでした。「月距法」では観測結果を天文歴と照合しなければ結果が得られません。また通訳の能力もあって、これを教えるは不可能と考え、断念することになりました。

この記述は、間宮が経度と緯度については明確な認識を持っていたとはいえ、当時の日本には経度を測る技術がなかったことを明瞭に示しています。クルーゼンシュテルンは「改正日本輿地路程全図」の経線を思わせる南北線に度数が記されない背景がよく理解出来たと考えられます。

クルーゼンシュテルンはただし、以上のような「改正日本輿地路程全図」の理解のもとに、それに記された距離や方位を考慮して重要地点の経緯度を推定しつつ、「日本帝国図」を作製したことを解説でくわしく述べています。この例として江戸の経緯度の推定を示しましょう（Krusenstern, 1827: 177-179）。

江戸は湾の奥に立地するのでヨーロッパの航海者たちが測量するのは困難でした。しかし、すでにケンペルによる緯度測定が行われ、北緯 35 度 32 分というデータが得られていました (Kaempfer, 1906: III 73)。ケンペルはいつも象限儀というやはり角度を測る測量器具を携帯していたとされており（ボダルト・ベイリーほか 1999:15）、それを密かに使って北極星の仰角を測ったと考えられます。

ただし、緯度については基本的に正確と考えられたワイマール大公提供の「改正日本輿地路程全図」を含む日本側の図で計測した値は 35 度 55 分で、アロースミスの海図も 35 度 50 分としていました。これらの値についてクルーゼンシュテルンは、まずケンペルの測定誤差は 20 分以内、日本側の図でも 10〜30 分の誤差は大きいと考え、間をとって 35 度 40 分としました。

他方経度はアロースミスの図では東経 139 度 30 分となっていますが、ワイマール大公提供図上ではクルーゼンシュテルンが経度を測定した Sangar 岬（津軽半島の竜飛崎）の経度（東経 140 度 14 分）に近いとしながらも、江戸の近くで経度の測定されている Blanc 岬（勝浦の八幡岬と考えられ、ブロートンらにより東経 140 度 40 分とされる）から 55 分、また King 岬（房総半島の南端に位置しながらも、今日の地図上での特定が困難

な岬で、Broughton らのデータによりクルーゼンシュテルンが東経140度19分と算出）から25分西に位置するとしつつ、その中間をとって東経139度50分という値を採用しました。この経度は江戸の中心部から数分東方にずれるとはいえ、緯度についてはほぼ問題ない値です。

以上のような操作を経てできあがった「日本帝国図」をみてみましょう（**図9-1：36頁** ）。「日本島（本州）と日本周辺海の図」（図 4-7）の外観を大きく改めています。タイトルの下にある"Son Altesse Royale Le Grand-Duc de Weymar"は、ワイマール大公へ献辞です。ワイマール大公所蔵の「改正日本輿地路程全図」のなかでもおそらく優品の提供を受け、クルーゼンシュテルンが「日本島（本州）と日本周辺海の図」の改訂を思い立った経過がうかがえます。

なお、アロースミスの「日本および千島諸島などの図」とクルーゼンシュテルンの「日本島（本州）と日本周辺海の図」では九州北部〜中国地方西部の日本海岸が大きく違っていました。クルーゼンシュテルンは「日本帝国図」の解説のなかでこの問題に触れ、コルネットによるアルゴノート号の航海記録はまだ刊行されていないので、自分は全面的に日本の図、つまり「改正日本輿地路程全図」に従う、と述べています（Krusenstern , 1827: 161-162）。アロースミスはこれに対して「改正日本輿地路程全図」のような日本製図よりも西欧人の近代測量による海図を優先させました。容易でない選択ではありますが、今日から見ればクルーゼンシュテルンの判断が正しかったことがあきらかです。クルーゼンシュテルンは自分やブロートンの測量成果をもとに「改正日本輿地路程全図」の内容を多角的に比較検討した経験をもとに、日本列島の主要部分については、それに大きな誤りはないと確信していたと考えられます。

このように「日本帝国図」は、18世紀末からの日本周辺に於けるヨーロッパ諸国の探検航海の成果にくわえて、「改正日本輿地路程全図」に記載された海岸線や地名を全面的に活用したものとなりました。日本列島の形の大枠は「改正日本輿地路程全図」によっていますが、近代的な測量技術を背景にそれを補正するだけでなく、ティツィングによる地名の音訳の収集、さらにはクラプロートによるその補正といった努力も活用して、当時の最先端の日本図を作り上げました。飛躍的に正確になった海岸線、さらに豊富な地名は、日本の江戸時代の地図作製の成果とヨーロッパ船の探検航海、さらには日本語研究を集大成するものであったわけです。

クルーゼンシュテルンの太平洋アトラスには、蝦夷（今日の北海道）の図もあります（**図9-2：37頁** ）。西海岸に関する自分自身のナジェジダ号の航跡（実線）に合わせて、1796年の南〜東海岸に関するブロートンの航跡（一点鎖線）を示し、蝦夷の全体像を描いています。ブロートンの描いた蝦夷の形は、図 4-3 やそれをアロースミスが写した図 6-1 にあらわれていますが、まだ石狩湾の形などがよくとらえられていません。クルーゼンシュテルンはこの図の航跡に示されているように、石狩湾に入ってその海岸の形を調査しました。この図はその成果ということになります。やや誇張されているようにも思われますが、蝦夷の西海岸の屈曲をよくとらえています。

もう一つが千島列島の図（**図9-3：38頁** ）です。北方はクルーゼンシュテルンのナジェジダ号の測量で、一点鎖線でその航跡を示しています。他方右下には根室半島とその近くの国後（くなしり）島と択捉（えとろふ）島などを描いています。この部分は 1811 年に来訪したディアナ号による測量で、点線でその航跡を示しています。ディアナ号の艦長はすでに触れたゴロヴニンで、調査の最中に日本側にとらえられました。ゴロヴニンは松前に連行され、前に触れたようにそこで間宮林蔵に会いました。この地域はすでに日本側の行政や警備が行われており、ゴロヴニンも日本側の領域と認識していました。

クルーゼンシュテルンは千島列島を横断する時に悪天候や霧に悩まされましたが、ゴロヴニンも霧が探検の障害になることを強調しています（羽仁五郎訳 1928 上: 468-477; 下: 2-4; ゴロヴニン 1943: 75-81）。

10. クルーゼンシュテルンの「日本帝国図」を元にする図の普及

いくら優れた地図が作られても、それが普及して人びとに使われなければ役割を果たせません。普及という点からクルーゼンシュテルンの「日本帝国図」を見てみましょう。

「日本帝国図」を元にした普及版の地図の代表例としてあげられるのは英国の「有用な知識の普及協会」（The Society for the Diffusion of Useful Knowledge）が 1835 年に刊行した「日本帝国」（Empire of Japan）で、「日本帝国図」とは構成が少しちがいますが、本州以南についてはあきらかに「改正日本輿地路程全図」の特色をよく残しています（**図10-1：39頁**）。

左下の枠外に小さくクルーゼンシュテルンとケンペルの名の記入があるのは（"Krusenstern, Kaempfer &c"）、その元図の作製者を示すものでしょう。陸上では国境と国名のほか主要都市についても記載がありますが、ただしその選択はかならずしも良く考慮されたものとはいえません。また地名にはフランス語綴りの名残を残しています。さらに左上の長崎付近の図は、「日本帝国図」（図9-1）の右下にみえるものと同じです。くわえて、蝦夷（今日の北海道）についてはクルーゼンシュテルンの描いた図9-2に示したものによっていることがあきらかです。

発行の母体となった「有用な知識普及協会」は、権威のある印刷物を安い価格で市民に提供することを目的とする非営利団体で、第 1 回の総会が 1826 年に開催されました。この幹部には海図製作者として著名なボーフォート（Francis Beaufort, 1774-1857 年）が参加していました（Cain, 2008）。ボーフォートは初代の英国海軍水路部長であったダルリンプル（Alexander Dalrymple）に早くからその技術をみとめられ、1829 年に水路部長に就任し、25 年間その地位で活躍しました。地質学・天文学・地理学の学会でも活動し、気象学では風力を測る尺度を考案したことでも著名です（Ritchie, 1967:189-199; Friendly, 1977: 141-147, 234-266）。ボーフォートは「有用な知識普及協会」では地図の刊行を担当し、自身で描いた地図の原稿を印刷に供したということです。また英国海軍に勤務したことのあるクルーゼンシュテルンとは海図の交換を継続したほか（Friendly, 1977: 240-241, 279, 289）、1834 年9月にクルーゼンシュテルンはボーフォートに最新の日本測量の結果を送るという約束をしたということです（David 2008: 13）。この約束どおりになったかどうかは不明ですが、時期からしてもこの「日本帝国」の刊行との関係が推測されます。「有用な知識の普及協会」刊の本図は、クルーゼンシュテルンの「日本帝国図」の普及に大きな役割を果たしたと考えられます。

図10-2〈40頁〉 は中国でのイエズス会士たちの測量成果にもとづく地図の刊行に貢献したダンヴィル（Jean Baptiste Bourguignon D'Anville, 1697-1782 年）と中国図だけでなく日本図についても貢献の大きかったクラプロートを記念するために刊行されました。日本列島は全面的にクルーゼンシュテルンの「日本帝国図」によっています。

図10-3〈41頁〉 の日本列島も明らかに「日本帝国図」（図 9-1）の系譜をひいています。この図では 3 箇所にイラストがあり、上は江戸のものとされていますが、景観の描写を見ると、他からの転用が明らかです。江戸時代末期の刊行ですが、ペリー来航の前でもあり、まだ日本情報が少なかったことがうかがえます。

図10-4〈42頁〉 は、さらにのちの時期に刊行された図で、やはり上部にイラストがありますが、もうすでに日本が開国した時期とはいえ、あまり当時の情景を反映したものとは思えません。また右下には、クルーゼンシュテルンとシーボルトの名前を挙げているところからすれば、つぎに示す 1855 年刊の英国海図 2347 号（図 10-5, 10-6）などを元にしている可能性があります。

これら以外にも、当時刊行の書物の挿図などに「日本帝国図」（図 9-1）にもとづくと考えられるものをいくつも発見していますが、19 世紀中ごろに西欧で作られた日本図に対するクルーゼンシュテルン、ひいては長久保赤水の影響の大きさを考えるに際して、最初の日本周辺の本格英国海図である 1855 年刊行 2347 号のもっとも重要な元図として「日本帝国図」が採用されたことは重要です。当時の英国海軍水路部はアヘン戦争以後一段落していた東アジアでの水路測量を活発化しようとしていた

ところで（Pascoe 1972）、「日本帝国図」を利用して日本周辺海域の概要を把握しようとしていたと考えられます。

図10-5〈43頁〉は、この 1855 年刊行の図ではなく、1862 年 3 月までの訂正を受けたもので、図郭が変更されていることのほか、佐渡島が図から消されてしまい、右下には伊豆半島の港の図が挿入されているなどの違いが認められます。この時期は英国やロシアの海岸測量が急速に進んだ時期で、それを反映させたわけです（菊地 2007）。

さてクルーゼンシュテルンの「日本帝国図」とこの英国海図を比較すると、いくつか違いが認められます。その顕著なものが新潟付近の海岸線で、「日本帝国図」に見える海岸線の沖にもう一つの海岸線を 1855 年夏の John Richards の測量成果（Pascoe 1972: 356）により示していることです。また「海岸の位置は確かでない」と注記しつつ C. Irako-saki（伊良子岬）～ C. Sagami（三浦半島の先端）の間はシーボルトの海図を利用したとしています。このシーボルトの海図は、時期からみて伊能忠敬の日本図を元にしたとされる、1840 年刊行の「日本人作成による原図および天文観測による日本国地図」（Karte vom Japanischen Reich nach original Karten und astronomischen Beobachtungen der Japaner）と考えらます。

英国の水路部がこの 2437 号海図の作製に際しどのような意思決定を行ったかについては分かっていませんが、クルーゼンシュテルンの「日本帝国図」が基本図として採用された背景には、まだ日本近海の本格的な沿岸測量が充分に進行していない段階ではありましたが、上記のシーボルトの日本図と比較して、とくに経度がしっかりした測量を背景にしている点が重視されたからと推定できます。

シーボルトの日本図では伊能図に見られる経緯線をそのまま採用し、これにグリニッジを基準とする経度を併記するという形をとっています。すでにみた間宮林蔵とゴロヴニンの交渉からもあきらかなように、伊能図作成当時の日本には経度を測量する技術がありませんでした。伊能図にみられる「経線」は、トラバース測量による平面図に京都を通過する南北線を記入し、それを本初子午線のようにして、経線を模した南北線を記入しています。この南北線の間隔は高緯度になるほど小さくなるように設定されており、北緯 35 度附近では大きな誤差はありませんが、南北に離れるにしたがって大きくずれていきます（大谷 1917: 480-484; Pye and Beasley 1951; Hoyanagi 1967; 菱山 2017）。とくに東北日本ではそれが大きく、本州北部の北緯 41 度では 23 分にも達します。こうした伊能図に見られる問題点は、メルカトール図法に描きかえられたシーボルトの日本図にも受け継がれているのです（保柳 1974）。

これに対しクルーゼンシュテルンの「日本帝国図」では、すでに見てきましたように、「改正日本輿地路程全図」の海岸線をそれまでの西欧側の測量をもとに修正していました。とくに本州の東海岸についてはブロートンらの測量データによって修正がくわえられています。こうした点を考慮すると、近代的測量によって補正を受けた「日本帝国図」が当面の海図の元図には適していると考えられたと推定できます。

またシーボルト日本図は伊能図の全面的反映というより、大和川の流路や若狭湾の海岸線の描き方にみられるように、古い日本図の特色を残していたことも（蘆田・箭内 1938）、選択に関与した可能性があります。

ところで、**図10-6〈44頁〉**は、アメリカ議会図書館が所蔵する 1855 年刊の英国海図 2347 号の一部分です。この図には John Richards による新潟付近の海岸の位置だけでなく、「改正日本輿地路程全図」に特徴的な佐渡島の図も示しています。

11. 日本で刊行された「改正日本輿地路程全図」の多様性

以上のように長久保赤水の「改正日本輿地路程全図」は、クルーゼンシュテルンの「日本帝国図」の元図に採用されて海外で広く普及し、英国海図にまで反映されることになりました。

他方日本国内では「改正日本輿地路程全図」がさまざまなかたちで流布しました。著作権が現在のように意識されていない時代には、優れた地図はさまざまな形で模倣版が刊行されたので

す。鷹見家資料にはそうした地図が何枚もありますので、見ておきましょう。

まずあげられるのは、**図11-1〈45頁〉**の「大日本図（仮題）」で、「改正日本輿地路程全図」の緯線が強調されています。類似の図はいくつも報告されており（海田 2017: 57-59）、その中には文化 8（1811）年の刊期が記されているものもあります。ただし本図はそれらのなかでは最小で、他は 40 × 55cm かさらに大きいものばかりです。その点からすると、縮小された普及版になるのでしょうか。

つぎの**図11-2〈46頁〉**は、サイズが大きい点に特色があります。明らかに「改正日本輿地路程全図」をもとにしていますが、それに対する言及が見られません。模倣版は元図より小さいのが普通とされますが、最大級と報告された「増訂大日本輿地路程全図」（1852 年刊、105 × 186cm）（海田 2017: 63）よりさらに大きく、時期が早いのも注目されます。

くわえて「改正日本輿地路程全図」の系譜をひく図のなかには、銅版印刷されたものがあり、注目されてきました（三好・小野田 2004: 100-101; 海田 2017: 56-57）。**図11-3〈45頁〉**がそれで、鷹見家資料にもほかに 3 点の類似図（H0422 、H0006、H0725）があります。左上に風景画を掲載しますが、本図のように日本三景を掲載するもの、「東海道富士川眺望」を掲載するものなどがあります。

本図でもう一つ注目されるのは上下に見られる経度の記入で京都付近を「中〇度」として、左右に経度の目盛りを記入しています。こうした経度の記入は、高橋景保の「日本辺界略図」（1809 年）が最初とされ（海野 1985: 324-332）、そうしたものがこの種の普及版にまで及んできているのは興味深いことです。経度の 0 度を通過する経線を本初子午線といいます。そうしたものを京都に置くという考えは、製作者の日本に対する意識を表しています。ただし本図では図中には経緯線を引かず、コンパスローズから放射する方位線を描いていて、ポルトラーノ図のような印象を与えているのはややふしぎです。

以上のような「改正日本輿地路程全図」の模倣版は、長久保赤水の「改正日本輿地路程全図」がその没後も刊行されたのと並行して続々としかも多彩に出版されたことを示しています。そうした観点から内外の関係地図のさらなる探索が要請されています。

12. 欧米製の日本図における伊能図

クルーゼンシュテルンの「日本帝国図」を元図にした英国海図 2347 号が刊行された 1855 年以降、英国の日本沿岸測量は急速に進みました。清国と英仏連合軍が戦ったアロー戦争（1856 − 1860 年）に際しては、1857 年末以降測量艦アクタイオン号（Actaeon）を中国沿岸、さらに日本に派遣して主要水路を測量させます。また日英修好通商条約締結（1858 年）以後英国公使のオールコック（Rutherford Alcock, 1809-1897 年）は、幕府の役人が乗船することを条件に、英国艦による日本沿岸の測量を認めさせました。アクタイオン号に乗り込んだ幕府の役人はこれに際し伊能忠敬の日本図を持参し、それを見た艦長のウォード（John Ward, 1825-1896 年）はすぐにその有用性に気づき、オールコックに依頼して幕府に提供を求め、これを入手することとなりました。そして 1863 年にはこれにもとづく海図 2347 号が刊行されることになったわけです（大谷 1917: 192-194; Pye and Beasley 1951）。

図12-1〈47頁〉に示した英国海図は、1863 年に刊行されて以後一部修正が加えられたものですが、その前の版になる図 10-5（海図番号はやはり 2367）と比較してみると、本州・四国・九州の部分が全面的に入れ替えられたことがわかります。これに際して元図の伊能忠敬の日本図の図法をメルカトール図法に変更するほか、シーボルトの日本図を検討した際に触れた伊能図の経度表示の欠点も訂正したことは改めていうまでもありません。

またこの図には伊能の名前はみえません。日本政府の地図（a Japanese Government Map）とされているのが、それに当たります。提供の経過から見ても、伊能の名前は英国側に知らされな

かったと考えられます。

　このようにして日本列島に関する英国海図では、長久保赤水の日本図を元図にするクルーゼンシュテルンの「日本帝国図」から伊能忠敬の日本図へと転換が行われました。日本付近を航行する船舶の安全のためには、より精度の高い元図を使用するのは、当然の要請であったわけです。これによって、日本列島の形はさらに私たちが知っているものに近づきました。図 10-4 に示した日本列島図（1864 年刊）はなおクルーゼンシュテルンの「日本帝国図」の形をとどめていますが、こうした市販された地図でも伊能忠敬の日本図を元図にするものに転換されていったと考えられます。

　ところでもう一つ注意しておきたいのは、図 12-1 に示した英国海図のタイトルの冒頭には"Preliminary"（予備の、準備的な）という言葉が見られることです。将来作られるであろう本格海図に対して、予備的なものとして作製されたということになり

ます。これは、この種の英国海図では伊能忠敬の日本図によった部分が、測量の進展とともに減少していくことを意味しています。これに関連して、1876 年に改版された英国海図 2347 号では、はやくも「日本政府の地図」から編集したとする説明がなくなり、さらに東北地方南部の「日本の地図」にもとづく海岸線の位置については信頼をおけないと注記されているということです（菊地 2007）。伊能図に示された海岸線による部分では、その経緯度の測量が不充分で水深も示されず、このように注記する以外になかったと考えられますが、そうした部分は日本側の測量によっても急速に減少したということです（中西 1977）。

　伊能の日本図はさらに瀬戸内海の海図にも利用されました（**図12-2：48頁**）。ただしこの場合記入されている水深は、上記ウォードの指揮の下で行われた測深によるものと注記されています。

13. 鎖国時代、海を渡った日本図

　これまで、ヨーロッパで作られたアジア図、さらには日本図を見るところからはじめて、鎖国時代に海を渡りヨーロッパで元図として使われた日本図ならびにそれにもとづきヨーロッパで刊行された翻訳・複製を駆け足で見てきました。

　鷹見泉石の収集した資料には、鎖国前に作られたと推定されるポルトラーノの貴重な写しだけでなく、鎖国時代初期にオランダで印刷されたアジア図までもあることがわかりました。いずれも鷹見泉石の関心の広さをしのばせる資料で、ポルトラーノの写しからは、初期に日本に接近したポルトガル人の活動をしのぶことができました。またオランダ製の印刷図からは、それらが主に鑑賞用、装飾用につくられたもので、長崎に来航したオランダ人が航海用に使用したものについては、まだこれから調査すべきものであることがわかりました。

　しかし 18 世紀に入ると様相が一変し、石川流宣の日本図（図 2-1）に始まり、「延宝六年日本国図（新撰大日本図鑑）」（図 2-3）、長久保赤水の「改正日本輿地路程全図」（図 3-1、図 7-1、図 7-3）、さらに伊能忠敬が中心になって作成した日本図が海をこえてヨ

ーロッパに運ばれ、それらをもとにさまざまな日本図が作られました。以下では、この時代を中心にふりかえりながら、もうすこしその意義を検討してみましょう。

　まず日本で作られた日本図がヨーロッパに運ばれたルートを見ますと、よく知られている長崎のオランダ商館経由のほかにもルートがあることがわかりました。とくに興味深いのは松前藩の加藤肩吾とラクスマンやブロートンとの地図情報の交換で、彼らが共通して地図情報について高い関心を持っていたことに驚きます。また「文化露寇」といわれるロシアの海軍将校の日本側集落の襲撃に際して奪われた地図については、そうした北辺の地まで「改正日本輿地路程全図」が行き渡っていたことを知りました。

　伊能忠敬が中心になって作製した日本図がヨーロッパにもたらされたのにも二つの経路がありました。一方は長崎に来たシーボルト、他方は英国の測量船で、その普及に後者が大きな意義を持ったのは、開国によって日本との本格的な交渉が始まり、地理情報が必要性が高まった時期に測量従事者の目にとまった

からと考えられます。

　日本図の複製・翻訳については、さまざまな人びとが関与していたこともわかりました。

　鎖国時代に日本に入国できたヨーロッパ人は長崎のオランダ商館にきた人たちでした。その場合、オランダ人通訳の養成が禁止されていたという事情も重要です。ケンペルの場合、自分の助手になっていた今村源右衛門（稽古通詞などを経てのちに大通詞となる）にオランダ語の文法を教えることを通じて日本語を学んだとのことです（ミヒェル 1996）。図2-3に示した日本図を翻訳しようとしてケンペルが作製した図2-4からは、本格的な日本の地理情報を収集したいという熱意が感じられます。

　地名にまで関心を広げたのはティツィングでしたが、それには「改正日本輿地路程全図」との出会いが大きな意義を持ちました。他方新蔵と善六のような庶民出身の元漂流者が日本図の翻訳に従事したというのは、日本人の海外渡航が禁止されていた鎖国時代の特色をあらためて考えさせられます。またそうした新蔵が『早引節用集』や『三国通覧図説』のような書物をもっており、イルクーツクで日本語の書法を教わったクラプロートが、漢字の理解だけでなくアジア諸言語への強い関心を持っていたという点は、二人の出会いが希有のものであったことを示しています。ティツィングの収集資料の音訳や翻訳がこれによって進むことになりました。くわえて、クラプロートが日本に限らず地図学の領域でもさかんに活動したことも無視できません（Walravens 2006）。

　航海者クルーゼンシュテルンが自分の収集した測量データにくわえて当時得られていた測量データを統合し、さらにクラプロートが整理したティツィングによる地名の音訳をとりこんで、「改正日本輿地路程全図」にもとづく「日本帝国図」を刊行したのは、そうした努力を総合するような作業でした。さらにこの「日本帝国図」をはじめとするクルーゼンシュテルンの日本図を普及させたボーフォートの活動も無視できません。

　ところで、これらの「改正日本輿地路程全図」を元にした地図作製作業は、その作者である長久保赤水の死後に大きく展開しました。これは同時に江戸時代の日本の地図とヨーロッパの近代地図学の出会いであったと言ってもよいでしょう。ヨーロッパで展開したこうした「改正日本輿地路程全図」の利用は、とくにその作者である長久保赤水にはとても想像することができなかった事態と考えられます。地域と時代を超えて彼の仕事が参照されたのは、すぐれた地図には記入されている文字が読めなくとも、それが示している地域について想像力をかき立てる作用があるからでしょうか。

　このような経緯をみてくると、時代の流れとともにさまざまな形での人びとと地図との出会いがあったことがわかります。ここで触れることのできた場合以外にも、さまざまな形でヨーロッパに運ばれた地図があり出会いがあったことが知られています（古賀2008など）。こうした観点からさらに検討が必要です。

文献

秋岡武次郎 1955.『日本地図史』河出書房.

秋月俊幸翻刻・解説 1994.『北方史史料集成、第5巻』北海道出版企画センター.

秋月俊幸 1999.『日本北辺の探検と地図の歴史』北海道大学図書刊行会.

蘆田伊人・箭内健次 1938. シーボルト作製の地図. 日獨文化協会編『シーボルト研究』427-480,岩波書店,.

鮎沢信太郎 1962. ロシア使節レザノフの将来した地図. 日本歴史 173: 75-78.

石巻若宮丸漂流民の会編 2003.『世界一周した漂流民』東洋書店.

石山洋 1998. オッテンス撰『万国坤輿細分図』の構成と概要. 泉石（古河歴史博物館紀要）4: 1-20.

氏家和彦・氏家野富美 1995. 鎖国下における北方外交の一断面：ブロートンの室蘭来航. 公民論集（大阪教育大学）3: 47-66.

海野一隆 1985.『ちずのしわ』雄松堂出版.

海野一隆 1999.『地図に見る日本：倭国・ジパング・日本』大修館書店.

海野一隆 2003.『東西地図文化交渉史研究』清文堂.

大島幹雄 1996.『魯西亜から来た日本人：漂流民善六物語』廣済堂出版.

大谷亮吉 1917.『伊能忠敬』岩波書店.

海田俊一 2017.『流宣図と赤水図：江戸時代のベストセラー日本地図』アルス・メディカ.

格斯・冉福立（Kees Zandvliet）1997.『十七世紀荷蘭人絵製的台湾地図』英文漢聲出版有限公司（台北）.

加藤九祚 1993.『初めて世界一周した日本人』新潮社（新潮選書）.

川添昭二ほか校訂 1983.『新訂黒田家譜、第5巻』文献出版.

菊池眞一 2007. 幕末から明治初年にかけての日本近海英国海図：日本水路部創設前の海図誌. 海洋情報部研究報告 43: 1-15.

呉秀三訳 1928.『ケンペル江戸参府紀行、上巻』雄松堂.

古賀慎也 2008. ケンペルが持ち帰った『万国総界図』. 九州大学総合博物館研究報告 6: 33-80.

コーニツキー，ピーター 2018.『海を渡った日本書籍：ヨーロッパへ、そして幕末・明治のロンドンで』平凡社.

小林茂・鳴海邦匡 2018. ヨーロッパにおける長久保赤水の日本図の受容過程. 地図（日本地図学会）56(4): 1-17.

ゴロヴニン著・井上満訳 1943『日本幽囚記上・中』岩波書店.

高木崇世芝 2011.『近世日本の北方図研究』北海道出版企画センター.

田中隆博・小林拓司・島村圭一 2012. 月距法による時刻推定. 海上保安大学校研究報告、理工学系 56(1-2): 11-17.

中西良夫 1977. 明治版海図を省みる. 地図（日本国際地図学会）15(4): 14-17.

永用俊彦 1997. 近世後期の海外情報：鷹見泉石の場合. 岩下哲典・真栄平房昭編『近世日本の海外情報』271 324,岩田書院.

羽仁五郎訳 1928.『クルウゼンシュテルン日本紀行、上下』雄松堂.

ハバード，J.C. 2018.『世界の中の日本地図』柏書房.

春名徹 1978.『にっぽん音吉漂流記』晶文社.

菱山剛秀 2017. 地図投影法からみる伊能図. 地図情報 37(3): 8-11.

船越昭生 1984. 高樹文庫蔵の「地球ノ図」について. 楠瀬勝編『石黒信由遺品等高樹文庫資料の総合的研究』141-149,高樹文庫研究会.

船越昭生 1992.「新訂万国全図」（第1次手書本）の成立. 奈良女子大学地理学研究報告 4: 1-64.

船越昭生 1997. シーボルトの第1次来日の際に蒐集した地図. 箭内健次・宮崎道生編『シーボルトと日本の開国・近代化』71-130,続群書類従完成会.

ボダルト・ベイリー，ベアトリス M.ほか著・中直一ほか訳 1999.『遥かなる目的地：ケンペルと徳川日本の出会い』大阪大学出版会.

保柳睦美 1974. 伊能図とシーボルトの日本図. 保柳睦美編『伊能忠敬の科学的業績』古今書院, 185-204.

松井洋子・レクイン、フランク 2009. ティツィング・コレクションの長久保赤水「改正日本輿地路程全図」. 画像史料解析センター通信（東京大学史料編纂所）45: 4-11.

ミヒェル，ウォルフガング 1996. エンゲルベルト・ケンペルからみた日本語. 洋学史研究 13: 19-53.

三好唯義 1989. いわゆる流宣日本図について. 地図（日本国際地図学会）27(3): 1-9.

三好唯義・小野田一幸 2004.『日本古地図コレクション』河出書房新社.

室賀信夫 1968. 長久保赤水. 地理 13(1): 80-84.

ラペルーズ著・小林忠雄訳 1988.『ラペルーズ世界周航記、日本近海編』白水社.

レザーノフ編著・田中継根訳 1997.『露日辞書・露日會話帳』東北大学東北アジア研究センター.

レザーノフ著・大島幹雄訳 2000.『日本滞在記1804-1805』岩波書店（岩波文庫）.

ワルター，L. 1993. ケンペルとヨーロッパにおける日本地図学. ワルター，L編『西洋人の描いた日本地図』42-49, OAG・ドイツ東洋文化研究協会

ワルター，L編 1993.『西洋人の描いた日本地図』OAG・ドイツ東洋文化研究協会.

Abel-Rémusat J.P. 1817. Description d'un groupe d'îles peu connu et situé entre le Japon et les îles Mariannas, rédigé d'après les relations des japonais. *Journal des Savans*, Juillet, 1817: 387-396.

Abel-Rémusat J.P. 1819. Cérémonie usitée au Japon pour les mariages et funérailles par M. Titsingh. *Journal des Savans*, Août, 1819: 474-483.

Abel-Rémusat, J.P. 1829. *Nouveau mélanges asiatiques I*. Schubart et Heideloff.

Anonymous 1800. Interesting particulars relative to Japan, by M. Titsingh. *Monthly Magazine*, 9(3): 217-221

Anonymous 1839. *Catalogue des livre composant la biblioteque de feu M. Klaproth*. R. Merlin.

Beasley, W.G. 1991. Japanese castaways and British interpreters. Monumenta Nipponica, 46(1): 91-103.

Boxer, C.R. 1968. *Jan Companie in Japan 1600-1817*. Oxford University Press.

Broughton, W.R. 1804. *A Voyage of Discovery to the North Pacific Ocean*. T. Cadell and W. Davies.

Broughton, W.R. 1807. *Voyage de découvertes dans la partie septentrionale de l'ocean Pacifique*. Tome premier. Dentu.

Cain, M.T. 2008. The map of the Society for the Diffusion of Useful Knoeledge. *Imago Mundi* 46(1): 151-167.

Charpentier de Cossigny, J.F. 1799. *Voyage au Bengale*. Émeriy.

David, A. 2008. The emergence of the Admiralty chart in the nineteenth century. Simposium on "Shifting Boundaries: Cartography in the 19th and 20th centuries" ICA Commission on the History of Cartography, 1-16.

Friendly, A. 1977. *Beaufort of the Admiralty*. Random House.

Howay, F.W. ed. 1940. *The Journal of Captain James Colnett aboad the Argonnaut from April 26, 1789 to Nov. 3, 1791*. The Champlain Society.

Howay, F.W. 1940. Introduction. In *The Journal of Captain James Colnett aboad the Argonnaut from April 26, 1789 to Nov. 3, 1791*, edited by Howay, F.W., vi-xxxi, The Champlain Society.

Hoyanagi, M. 1967. Re-appreciation of Ino's maps, the first maps of Japan based on actual survey. *Geographical Reports of Tokyo Metropolitan University* 2: 147-162.

Hubbard, J.C. 2012. *Japoniae Insvlae, the Mapping of Japan*. Hes & De Graaf Publishers BV.

Kaempfer, E. 1827. *The History of Japan*, Two folio volumes, Hans Sloane preas. Soc. Reg.

Kaempfer, E. 1906. *The History of Japan*, Volume II, III. James MacLeHose and Sons.

Kaempfer, E. (Edited, taranslated and annotated by B.M. Bodart-Bailey) 1999. *Kaempfer's Japan: Tokugawa Culture Observed*. University of Hawaii Press.

Klaproth, J. 1829. Sur l'introduction de l'usage des Caractères chinois au Japon, et sur l'origine de différens Syllabares japonais. *Nouveau Journal Asiatique*, 3: 19-48.

Klaproth, J. 1834. Préface. In *Nipon O Daï Itsi Ran ou Annales des empereurs du Japon*, Titsingh, I. (traducteur), i-viii, The Oriental Translation Fund of Great Britain and Ireland.

Kornicki, P. 1999. *Castaways and Orientalists*. (Paolo Beonio-Brocchieri Memorial Lectures in Japanese Studies). Università Ca'Foscari Venezia.

Kornicki, P. 2000. Julius Klaproth and his works. *Monumenta Nipponica* 55(4): 579-591.

Krusenstern (Le Contre-Amiral) 1827. *Recueil de mémoires hydrographiques pur servir d'analyse et d'explication à l'Atlas de l'Océan Pacifique*. De l'imprimerie du département de L'instruction publique (Saint-Pétersbourg).

Kruzenštern 1813. *Atlas " k " Putešestviju voklug " Světa Kapitana Kruzenšterna*. Gravirovano i Počatano pri Morskoj Tipografii.

Nakamura, H. 1964. Japanese portolanos of Portuguese origin of the XVIth and XVIIth centuries. *Imago Mundi* 18: 24-44.

Narumi, K. and Kobayashi, S. 2019. The use of Japanese early modern maps by Western cartographers during the nineteenth century. In *Mapping Asia*. edited by Storms, M., Cams, M., Demhardt, I.J. and Ormeling, F., 169-183, Springer. (Publications of the International Cartographic Association)

Pascoe, L.N. 1972. The British contribution to the hydrographic survey and charting of Japan 1854 to 1883. In *Researches in Hydrography and Ocenography in Commemoration of the Centenary of the Hydrographic Department of Japan,* edited by Shoji, D., 355-386, Nihon Suiro Kyokai.

Postnikov, A.V. 2000. Outline of the History of Russian Cartography. *Regions: A Prism to View the Slavic-Eurasian World towards a Discipline of "Regionology"*, 1-49, Slavic Research Center, Hokkaido University.

Pye, N. and Beasley, W.G. 1951. An undescribed manuscript copying of Ino Chukei's map of Japan. *Geographical Journal*, 117(2): 178-187.

Ritchie, G.S. 1967. *The Admiralty Chart: British Hydrography in the Nineteenth Century*. Hollis and Carter.

Schilder, G. 1976. Organization and evolution of the Dutch East India Company's Hydrographic Office in the seventeenth cetuty. *Imago Mundi* 28: 61-78.

Schilder, G. and Egmond, M. 2007. Maritime cartography in the Low Countries during the Renaissance. *The History of of Cartography, Volume*

3. edited by Woodward, D., 1384-1432, University of Chcago Press.

Schötte, S.J. 1962. Ignacio Moreira of Lisbon, Cartographers in Japan 1890-1592. *Imago Mundi* 16: 116-128.

Titsingh, I. 1834. *Nipon o daï itsi ran, ou, Annales des empereurs du Japon*. Parbury, Allen.

Tooley, R.V. 1979. *Tooley's Dictionary of Mapmakers*. Meridian Publishing Company.

Walravens, H. 2006. Julius Klaptoth: His life and works with special emphasis on Japan. *Japanica Humboldiana* 10: 177-191.

Walter, L. 1994. A typology of maps of Japan printed in Europe (1595-1800). In *Japan: Cartographic Vision*, edited by Walter, L., 40-47, Prestel.

Wood, G. 2012. Successive States: Aaron Arrowsmth's chart of the Pacific Orcean, 1789-1832. *Globe (Journal of the Australian and New Zealand Map Society)* 70: 1-17.

＜コラム＞　長久保赤水の日本図と伊能忠敬の日本図

　長久保赤水の「改正日本輿地路程全図」は、1779（安永 8）年に初めて刊行されてから、何度も改定を受けて刊行されました。改定の時期が紙面に印刷された大きなものだけでも、長久保赤水の生前の 1791（寛政 3）年の改訂があり、没後も 1811（文化 8）年、1834（天保 4）年、さらに 1841（天保 11）年と改訂がくり返されました。安永 8（1779）年と印刷されたものでも細部の改訂がくり返されたことが知られていますし（海田 2017）、「改正日本輿地路程全図」というタイトルをもたない模倣版もたくさんあります。今回の展示では、古河歴史博物館に収蔵されているそうした模倣版も展示しています。

　これに対して伊能忠敬が中心になって作製された日本図の印刷・刊行を見ると、日本国内ではじめて刊行されたのは明治直前の 1867 年のことで、「官板実測日本地図」というタイトルが付けられました。刊行したのは西洋の学術の導入をはかる幕府の洋学教育研究機関であった開成所です（渡邊 1997:258-276）。国内での印刷・普及という観点からすると、「改正日本輿地路程全図」の最初の刊行から 90 年ほども遅れていることになります。

　国内での刊行が遅れた伊能図は、海外での刊行の方が早かったという点も注目されます。よく知られているように、幕府の天文学者であった高橋景保（1785-1829 年）は長崎のオランダ商館の医師であったシーボルト（Philipp Franz Balthasar von Siebold、1796-1866 年）に、当時のヨーロッパがもつ最新地理情報と引き替えに伊能図を渡しました。1826 年のことです（蘆田・箭内 1938）。これが露見してシーボルト事件となって、高橋景保は逮捕されて獄死します。しかしシーボルトは伊能図の写しと考えられるものをヨーロッパに持って帰り、1840 年に「日本人作成による原図および天文観測による日本国地図」（*Karte vom Japanischen Reich nach original Karten und astronomischen Beobachtungen der Japaner*）を刊行します（青山 2018）。意外なことにこれが伊能図の刊行としては最初になります。また英国海軍の水路部（The Hydrographic Office）は、おもに伊能図もとづく日本海図（英国海図 2347 号）を 1863 年に刊行します。これは英国の測量艦に乗船した幕府の役人がもっていた伊能図の正確さに英国人船員が注目し、当時英国公使だったオールコック（Rutherford Alcock、1809-1897 年）を通じて幕府に依頼して入手したものを元にしています（大谷 1917: 189-195）。この図は図 12-1 として示しています。なお、この図の和訳が「官板実測日本地図」と同じ 1867 年に勝海舟（1823-1899 年）の序文を付けて「大日本国沿海略図」というタイトルで刊行されました。英国海図 2347 号に示されたアルファベットの地名を漢字に書きかえるだけでなく、記入する地名を増やし、さらにアラビア数字表記の水深を漢数字に書きかえていますが、勝海舟の序文はこの図の日本列島の海岸線の基本が伊能図によっていることに触れていません。

　こうした経過を見ると、伊能図は長久保赤水の日本図より正確であったかも知れないが、江戸時代には基本的に幕府が独占し、民間で利用できるようになったのは、基本的に明治になったからということが分かります。社会での地図の利用という点を考えると、長久保赤水日本図の役割の大きさを評価すべきでしょう。また、伊能図は海岸線や主要交通路に測量が限られ、地名もそれに沿って配置されている点も大きく違います。シーボルトが「日本人作成による原図および天文観測による日本国地図」を刊行するだけでなく、その主著では長久保赤水の日本図を九州、四国・中国・関西地方、関東・中部地方、奥羽地方に分けて印刷したものを掲載するのは（シーボルト 1978 付図 31-34）、その豊富な地名を示すためであったわけです。

　長久保赤水の日本図と伊能図との違いの検討をもう少しつづけましょう。前者の作製作業は、基本的に長久保赤水個人の作業でした。これに対して伊能図の測量は、初期は忠敬の個人的事業として始まりましたが、まもなく幕府や沿道の諸藩の支援を受けた国家的事業になった点も注目されます（渡邊 1997）。もちろんこの推進者としての伊能忠敬の役割は評価すべきですが、伊能図は幕府を背景とした組織の産物とみるべきでしょう。

　長久保赤水の日本図と伊能図を簡単に比較すると、以上のようになりますが、今日では伊能図の方がはるかによく知られています。また高齢になってから測量に従事した伊能忠敬の生涯や、伊能図が英国海図に採用されるほど精確だったという点もよく紹介されてきました。

　このような伊能忠敬と伊能図の見方は、明治になってからの伊能の顕彰事業なしに理解できません。1882 年以降、伊能忠敬に贈位を行うほか、記念碑を建設し、さらにその測量技術をくわしく示す伝記（大谷 1917）の刊行が行われるほか、その事蹟が小学校の教科書でも紹介され、今日につながる伊能のイメージが形成されてきたのです（保柳 1974）。ただし、このイメージの中には正しいとはいえないものもあります。伊能図が英

国海図の重要な元図に採用され、1863年に図12-1に示した英国海図2347号が刊行されたことに関連して、いろいろな文献が以後英国は日本沿岸の海図測量を中止したと紹介しています（たとえば大谷1917: 192-195; 保柳1974: 270）が、そのような事実はありません。英国の測量船はそれ以後も活動をつづけ、最終的に日本近海を去ったのは1883年となります（Pascoe 1972）。伊能図が示すことができたのは、日本の海岸線の位置に過ぎず、英国船はそれを参考に測深を含む本格的な海岸測量をつづけねばならなかったのです（Blakeney 1902: 284-287）。

　伊能図に対するこのようなイメージは、今日の日本図の歴史の研究者にも影響を与えていることにも触れておきたいと思います。石川流宣の日本図（図2-1）や「延宝六年日本国図（新撰大日本図鑑）」（図2-3）を元にした西欧版の日本図が、長久保赤水の「改正日本輿地路程全図」系の図の普及とともに印刷されなくなったことは本文で触れました。こうした西洋版の日本図の交代が、伊能忠敬の日本図を元にしたシーボルトの「日本人作成による原図および天文観測による日本国地図」（1840年刊）の普及によって発生したという見解が日本だけでなく、海外でも示されています（藤井2009; Yonemoto 2016）。しかし、伊能図にもとづく日本図のヨーロッパへの普及は1860年代以降と考えられ、それまで、「改正日本輿地路程全図」を元図とする図がひろく刊行されたのです（小林・鳴海2018）。シーボルトの「日本人作成による原図および天文観測による日本国地図」の刊行よりもずいぶん前に、古いタイプの西洋版日本図が姿を消したのは、長久保赤水の日本図のヨーロッパへの普及があったからです。

文献

青山宏夫 2018. シーボルトが手に入れた日本図と日本の地理情報. 地図（日本地図学会）56(1): 24-39.

蘆田伊人・箭内健次 1938. シーボルト作成の地図. 日獨文化協会編『シーボルト研究』427-480, 岩波書店.

大谷亮吉 1917.『伊能忠敬』岩波書店.

小林茂・鳴海邦匡 2018. ヨーロッパにおける長久保赤水の日本図の受容過程. 地図（日本地図学会）56(4): 1-17.

シーボルト著・中井晶夫訳 1978.『日本、図録 第1巻 付図』雄松堂.

藤井祐介 2009. 日本図の変遷とケンペル・伊能・シーボルト.『ケンペルやシーボルトたちが見た九州、そしてニッポン』宮崎克則ほか編, 172-181, 海鳥社.

保柳睦美 1974. 伊能忠敬と東京地学協会.『伊能忠敬の科学的業績』保柳編, 269-282, 古今書院.

海田俊一 2017. 改正日本輿地路程全図（赤水図）の改板過程について. 地図（日本地図学会）55(3): 10-17.

渡邊一郎 1997.『幕府天文方御用 伊能測量隊まかり通る』NTT出版.

Blakeney, W. 1902. *On the Coasts of Cathay and Cipango Forty Years ago*. Elliot Stock.

Pascoe, L.N. 1972. The British contribution to the hydrographic survey and charting of Japan 1854 to 1883. *Researches in Hydrography and Oceanography: in Commemoration of the Centenary of the Hydrographic Department of Japan*, edited. by D. Shoji, 355-386, Nihon Suiro Kyokai.

Yonemoto, M. 2016. European career of Ishikawa Ryūsen's map of Japan. In *Cartographic Japan*, edited by K. Wigen, F. Sugimoto and C. Karakas, 37-40. Unicersity of Chicago Press.

展示資料目録：The Cataloge of Materials and Images Exhibited

※国宝は"ＮＴ"（National Treasure の略）、重要文化財は"NDICA"（Nationally Designated Important Cultural Asset の略）と示す。

1. 江戸時代初期のヨーロッパで描かれた日本図
European Maps of Japan during the early Edo period

図1-1：「アジア航海図」　天保4（1833）年　鷹見泉石写　重要文化財　鷹見泉石関係資料　古河歴史博物館、56×80cm

Fig.1-1: A portolano of Asia copied by Senseki Takami in 1833. Koga City Museum of History, 56×80cm, NDICA.

図1-2：ポルトラーノ海図写し「ヒロート之法加留多」　文化6（1809）年　鷹見泉石写　重要文化財　鷹見泉石関係資料　古河歴史博物館、59×82cm

Fig. 1-2: A portolano of Japan copied by Senseki Takami in 1809. Koga City Museum of History, 59×82cm, NDICA.

図1-3：「アジア北東岸：日本からノヴァヤゼムリャまで」1798年　重要文化財　鷹見泉石関係資料　古河歴史博物館、45.1×56cm

Fig. 1-3: Iacob en Casparus Loots-Man, Northeast coast of Asia From Japan to Novaja Zemlja （"Noordoost Cust van Asia van Iapan tot Nova-Zemla"）. A Sheet of *L'Atlas de la Mer*, 1798, Amsterdam. Koga City Museum of History , 45.1×56cm, NDICA.

図1-4：「おもな地域に描かれた最も精確なアジア」　1730年頃刊　重要文化財　鷹見泉石関係資料　古河歴史博物館、55.5×113.8cm

Fig. 1-4: Frederick de Witt (R.&I. Ottens), Exactissima Asiae Delineatio in Praecipuas Regiones. (ca. 1730), Koga City Museum of History , 55.5×113.8cm, NDICA.

2. 日本で刊行された図のヨーロッパでの翻訳・複製（～1800年）
Reproductions of Japanese maps in Europe up to 1800

図2-1：石川流宣「新板大図日本海山湖陸図」　元禄7（1694）年　古河市指定文化財　鷹見家歴史資料　古河歴史博物館、106×170cm

Fig. 2-1: Tomonobu Ishikawa, A new edition of the map of Japan （"Shinpan Daizu Nihon Kaisan Ko Riku Zu"）, 1694, Koga City Museum of History, 106×170cm.

図2-2：レランド「日本帝国」　1715年　アメリカ議会図書館(Call Number: G1015.C68 1761 [in vault, volume 8, Phillips 3448]; LCCN: unk81005074)、54.5×65.8cm

Fig.2-2: Adriaan Reland, Imperivm Japonicum. 1715, Library of Congress (Call Number: G1015.C68 1761 [in vault, volume 8, Phillips 3448]; LCCN: unk81005074) , 54.5×65.8cm.

図2-3：「延宝六年日本国図（新撰大日本図鑑）」　延宝6（1678）年　古河市指定文化財　鷹見家歴史資料　古河歴史博物館、65×95cm

Fig. 2-3: A new map of Japan published in 1678 （"Shinsen Dainihon Zukan"）. Koga City Museum of History, 65×95cm.

図2-4：ケンペル、「新撰大日本図鑑を元図にした手描き翻訳図」　1692年　大英図書館(Sloane MS.3060, folio.450)、41.5×54cm.

Fig. 2-4: The Map of Japan brought back by German naturalist Engelbert Kaempfer 1692. British Library (Sloane MS.3060, folio.450)、41.5×54cm.

図2-5：ケンペル／ショイヒツァー「68地方に別れた日本帝国」　アメリカ議会図書館　(Call Number: G1015.O78 1756 [in Vault, Plate no. 96]; LCCN: unk81017084)、42×50.5cm、1740 年頃（ワルター 1993: 142,199 参照）

Fig.2-5: Kempfer/Scheuchzer: The Kingdom of Japan divided into 68 provonces （"Het Koninkryk Japan Verdeelt in Acht en Zestig Provintien"）. Library of Congress (Call Number: G1015.O78 1756 [in Vault, Plate no. 96]; LCCN: unk81017084), ca.1740 (see Walter 1994, No. 77), 42×50.5cm.

図2-6：「日本帝国の正確な地図」（イタリア語版）　1738年　大阪大学総合図書館（西洋古版アジア地図 24）、30.5×34.7cm.

Fig. 2-6: Isaak Tirion: Carta Accvrata dell'Imperio del Giappone. 1738, Osaka University Main Library （Old editions of Western maps of Asia 24）, 30.5×34.7cm.

3. 長久保赤水「改正日本輿地路程全図」の登場
The appearance of Sekisui Nagakubo's new map of Japan.

図3-1：長久保赤水「新刻日本輿地路程全図(改正日本輿地路程全図)」　寛政3（1791）年　古河市指定文化財　鷹見家歴史資料　古河歴史博物館、87×133cm　※「新刻」は内題

Fig. 3-1: Sekisui Nagakubo: A new edition of the route map of Japan （"Shinkoku［Kaisei］ Nihon Yochi Rotei Zenzu"）. 1791. Koga City

Museum of History, 87×133cm.

4. ヨーロッパの探検船による日本列島の測量
Surveys of Japanese Islands by Western exploratory ships

図4-1：ラペルーズ「中国海と韃靼海で1787年に行われた発見に関する図」第1、1797年　大阪大学総合図書館（西洋古版アジア地図63）、56.1×74.6cm．

Fig. 4-1: La Pérouse: Carte des Découvertes Faites en 1787 dans les Mers de Chine et de Tartarie, 1.ere Feuille, 1797. Osaka University Main Library (Old editions of Western maps of Asia 63), 56.1×74.6cm．

図4-2：ラペルーズ「中国海と韃靼海で1787年に行われた発見に関する図」第2、1798年　大阪大学総合図書館（西洋古版アジア地図70）、45.0×55.4cm.

Fig. 4-2: La Pérouse: Chart of Discoveries, made in 1787, in the Seas of China and Tartary, Sheet II. 1798. Osaka University Main Library (Old editions of Western maps of Asia 70), 45.0×55.4cm.

図4-3：ブロートン「アジアの北東岸と日本諸島の海図」(Broughton 1807, 付図I)、アメリカ議会図書館（LCCN: 05002616）、52.3×66.0cm.（部分）

Fig. 4-3: Broughton: Carte de la côte N.E. de l'Asie et des iles du Japan (Broughton 1807, Carte I). Library of Congress (LCCN: 05002616), 52.3×66.0cm.

図4-4：「自魯西亜国府至日本海陸之図」（ロシアの首都から日本に至る海陸の図）　鷹見泉石写　重要文化財　鷹見泉石関係資料　古河歴史博物館、27.9×39 cm.

Fig. 4-4: The travel route from the capital of Russia to Japan, 1804-1805. Koga City Museum of History, 27.9×39 cm, NDICA.

図4-5：「魯西亜国図」（元図はヴィリブレフト「ロシア帝国の一般図」1800 年）　文化2（1805）年　鷹見泉石写　重要文化財　鷹見泉石関係資料　古河歴史博物館、73.5×158.3cm．※元図の作者および刊年［1800年］は船越[1997]による。

Fig. 4-5: A. Vil'brekht, General map of Russian Empire ("General'naja Karta Rossiiskoi Imperii"). 1800, copied by Senseki Takami in 1805, Koga City Museum of History, 73.5×158.3cm, NDICA.

図4-6：「魯西亜人図」（長崎来訪のロシア人図）　文化2（1805）年　鷹見泉石写　重要文化財　鷹見泉石関係資料　古河歴史博物館、28×39.4 cm＋28×39.6 cm.

Fig. 4-6: Figures of Russians visited at Nagasaki copied by Senseki Takami in 1805. Koga City Museum of History, 28×39.4 cm＋28×39.6 cm, NDICA.

図4-7：クルーゼンシュテルン「日本島(本州)と日本周辺海の図」　アメリカ議会図書館（LCCN: 33038062）Kruzenštern (1813, 第42図)、43.6×43.6cm（図郭のサイズ）

Fig. 4-7: Krusenstern, Chart of Nipon island (Honshū) and Japanese seas ("Karta Ostrova Nipona i Japonskago Morja"). (Kruzenštern 1813, No. 42), Library of Congress (LCCN: 33038062), 43.6×43.6cm.

5. ロシアでの「改正日本輿地路程全図」の翻訳・刊行
The map of Japan by Sekisui Nagakubo translated in Russia

図5-1：新蔵・善六訳「日本国の一般図」　1809年　エストニア国立文書館、タリン（RA,AA.1414.2.43.Sheet 63）、90×126cm

Fig. 5-1: General map of Japan translated by Shinzo and Zenroku (Japanese castaways) ("General'naja karta Japonskago Gosudarstva"). 1809, National Archives of Estonia, Tallinn (RA,EAA.1414.2.43.Sheet 63), 90×126cm.

6. アロースミスの日本および千島列島図
Map of the Islands of Japan, Kurile &c. by Aaron Arrowsmith

図6-1：アロースミス「日本および千島諸島などの図」　1811年　大英図書館 (Maps 17a.16.)、130×170cm

Fig. 6-1: Aaron Arrowsmith : Map of the Island of Japan, Kurile &c. 1811, British Library (Maps 17a.16.), 130×170cm (Two sheets).

図6-2：高橋景保「新訂万国全図」　文化7（1810）年　国宝　伊能忠敬記念館、115.7×198.2cm.

Fig. 6-2: Kageyasu Takahashi, New revised map of the world. 1810, The Inoh Tadataka Museum, 115.7×198.2cm, NT.

図6-3：「朝鮮と日本」、Thomson の *New General Atlas*　1815年　大阪大学総合図書館（西洋古版アジア地図 79）、54.6×72.0cm

Fig. 6-3: Corea and Japan, Thomson's *New General Atlas*. 1815, Osaka University Main Library (Old editions of Western maps of Asia 79), 54.6×72.0cm.

7. オランダ商館長ティツィングの「改正日本輿地路程全図」にみられる地名の音訳
Transliterations of place names in Sekisui Nagakubo's map of Japan by Isaac Titsingh, the chief of the Dutch factory of Nagasaki

図7-1：長久保赤水「改正日本輿地路程全図」　安永早期版　ライデン大学図書館(Ser. 220a)、83×134cm

Fig. 7-1: Sekisui Nagakubo: Revised route map of Japan ("Kaisei Nihon Yochi Rotei Zenzu"), Early An'ei edition, Leiden University Library (Ser. 220a), 83×134cm.

図7-2：ティツィング「67地方とそれに附属する島よりなる日本の大地図の解釈」　オランダ王立図書館(KA 147c)、37.3×23.9cm

Fig.7-2: Isaac Titsingh, Interpretation of large map of Japan of 67 provinces with annexed islands ("Uitlegging der groote kaart van Japan, of der 67 Landschappen benevens de Eilanden daartoe behorenden"). Koninklijke Bibliotheek (KA 147c), 37.3×23.9cm.

図7-3：長久保赤水「改正日本輿地路程全図」　安永後期版　フランス国立図書館(FRBNF: 4069441)、83.8 × 135.4cm

Fig. 7-3: Carte du Japon par Sekisui Nagakubo. Late An'ei edition. Bibliothèque nationale de France（FRBNF: 4069441), 83.8×135.4cm.

図 7-4：ティツィング「日本の地理」（クラプロート旧蔵の地名表）、大英図書館（Add MS 18098）、33.7 × 20.2cm.

Fig. 7-4: Isaac Titsingh, *Geography of Japan* once belonging to the library of Julius Klaproth. British Library（Add MS 18098), 33.7 × 20.2cm.

8. クラプロートの日本語表記研究とティツィング収集地名の改定
Klaproth's study of Japanese notation and revision of place names recorded by Titsingh

図8-1：『早引節用集』　寛政8 (1796) 年刊　古河歴史博物館、13×19cm

Fig. 8-1: A dictionary for quick reference on the use of Chinese characters. 1796, Koga City Museum of History. 13×19cm.

図8-2：クラプロート作製の日本辞書、大英図書館（Add MS 21437）、32×20cm.

Fig. 8-2: Japanische Lexicon von J. Klaproth. British Library（Add MS 21437), 32×20cm.

図8-3：クラプロートの日本図、第1図（東北地方）　大英図書館 (Add MS 11,705)、33.5×47.5cm

Fig. 8-3: A map of the isles of Japan, drawn by J.H. Klaproth. Blatt 1、British Library　(Add MS 11,705), 33.5×47.5cm.

図8-4：クラプロートの日本図、第2図（東北〜関東地方）　大英図書館蔵(Add MS 11,705)，33.6×48.5cm

Fig. 8-4: A map of the isles of Japan, drawn by J.H. Klaproth. Blatt 2, British Library (Add MS 11,705), 33.6×48.5cm.

図8-5：クラプロートの日本図、第3図（東海地方〜近畿地方）　大英図書館(Add MS 11,705)、33.2×48.3cm

Fig. 8-5 A map of the isles of Japan, drawn by J.H. Klaproth. Blatt 3, British Library (Add MS 11,705), 33.2×48.3cm.

図8-6：クラプロートの日本図、第4図（中国・四国地方）　大英図書館(Add MS 11,705)、51.6×33.3cm

Fig. 8-6: A map of the isles of Japan, drawn by J.H. Klaproth. Blatt 4, British Library (Add MS 11,705), 51.6×33.3cm.

図8-7：クラプロートの日本図、第5図（九州地方）　大英図書館(Add MS 11,705)、59.7×33.4cm

Fig. 8-7: A map of the isles of Japan, drawn by J.H. Klaproth. Blatt 5, British Library (Add MS 11,705), 59.7×33.4cm.

図8-8：クラプロートの日本図（朝鮮・対馬・隠岐）　大英図書館(Add MS 11,705)、34.9×51.7cm

Fig. 8-8: A map of the isles of Japan, drawn by J.H. Klaproth. Blatt 6, British Library (Add MS 11,705), 34.9×51.7cm.

9. クラプロートの地名研究をとりいれたクルーゼンシュテルン「日本帝国図」の作製
The preparation of *Carte de l'Empire du Japon* incorporated Klaproth's revised place names

図9-1：クルーゼンシュテルン「日本帝国図」　1827年刊行　1835年までの修正　近畿大学中央図書館（資料ID：10084028）、92.6 ×（上辺: 72.2; 下辺: 61.9) cm・上部張り出し部分の長さは43.2cm

Fig. 9-1: Krusenstern, Carte de l'Empire du Japon, 1827, corrigée jusqu'en 1835, Kinki University Central Library (ID: 10084028), 92.6×72.2 cm.

図9-2：クルーゼンシュテルン「蝦夷島図」　1827年刊行　1835年までの修正　近畿大学中央図書館（資料ID: 1008429)、63.4×46.9cm

Fig. 9-2: Krusenstern, Carte des Isles Kouriles, 1827, corrigée jusqu'en 1835, Kinki University Central Library (ID: 10084030), 63.4×46.9cm.

図9-3：クルーゼンシュテルン「千島列島図」　1827年刊行　1835年までの修正　近畿大学中央図書館（資料ID: 10084030)、63.8×46.8cm

Fig. 9-3: Krusenstern, Carte de l'Isles Iesso, 1827, corrigée jusqu'en 1835, Kinki University Central Library (ID: 10084029), 63.8×46.8cm.

10. クルーゼンシュテルンの「日本帝国図」を元にする図の普及
The diffusion of maps adapted from Krusenstern's *Carte de l'Empire du Japon*

図10-1：有用な知識の普及協会「日本帝国」　1835年　大阪大学総合図書館（西洋古版アジア地図 84）、42.1×34.0cm

Fig. 10-1: The Society for the Diffusion of Useful Knowledge, Empire of Japan. 1835, Osaka University Main Library (Old editions of Western maps of Asia 84), 42.1×34.0cm.

図10-2：ベルグハウス「ダンヴィルとクラプロートの霊に捧げる中国・日本図」　1843年　アメリカ議会図書館(LCCN: 2006635533)、63×96 cm

Fig. 10-2: Berghaus, Karte von China und Japan den Manen D'Anville's und Klaproth's. 1843, Library of Congress (LCCN: 2006635533), 63×96 cm.

図10-3：「日本と朝鮮」1851年大阪大学総合図書館（西洋古版アジア地図 87）、27.0×36.6cm

Fig. 10-3: Japan & Corea. 1851, Osaka University Main Library (Old editions of Western maps of Asia 87), 27.0×36.6cm.

図10-4：「日本・満洲・千島諸島」、1864年、大阪大学総合図書館（西洋古版アジア地図 90）、46.7×32.4cm

Fig. 10-4: Japan, Mandshuria, the Kurile Isles, etc. 1864, Osaka University Main Library (Old editions of Western maps of Asia 90), 46.7×32.4cm.

図10-5：英国海図2347号「日本：本州・九州・四国・朝鮮海岸の一部」　1855年刊行・1862年修正　山口県文書館（毛利家文庫絵図 29-1）、81.2×100.5cm

Fig. 10-5: British Admiralty Chart, No. 2347, Japan: Nipon, Kiusiu and Sikok, and a part of the coast of Korea. 1855, corrections up to 1862. Yamaguchi Prefectural Archives (The library of the Mouri, maps 29-1), 81.2×100.5cm.

図10-6：英国海図2347号「日本：本州・九州・四国・朝鮮海岸の一部」　1855年　アメリカ議会図書館（LCCN: 2015-588080）、81.9×102.7cm

Fig. 10-6: British Admiralty Chart, No. 2347, Japan: Nipon, Kiusiu and Sikok, and a part of the coast of Korea. 1855, Library of Congress (LCCN: 2015-588080), 81.9×102.7cm.

11. 日本で刊行された「改正日本輿地路程全図」の多様性
The diversity of imitations of Sekisui Nagakubo's map of Japan

図11-1：「大日本図（仮題）」　成立年代未詳　古河市指定文化財　鷹見家歴史資料　古河歴史博物館、29×42cm

Fig. 11-1: A map of great Japan. No date of publication, Koga City Museum of History, 29×42cm.

図11-2：浪華藤屋弥兵衛・吉文字屋市左衛門刊「大日本細見指掌全図改訂増選」　文化5（1808）年　古河市指定文化財　鷹見家歴史資料　古河歴史博物館、135×225cm

Fig. 11-2: Fujiya Yahei and Kichimonjiya Ichizaemon (Naniwa), A revised and enlarged edition of detaild map of great Japan, 1808, Koga City Museum of History,135×225cm.

図11-3：「日本総図（仮題）」　成立年代未詳　古河市指定文化財　鷹見家歴史資料　古河歴史博物館、41×36cm

　Fig.　11-3. A general map of Japan, No date of publication, Koga City Museum of History, 41 × 36cm.

12. 欧米製の日本図における伊能図の採用
The adoption of Tadataka Inō's map of Japan by Western cartographers

図12-1：英国海図2347号「日本：本州・九州・四国・朝鮮海岸の一部に関する予備的海図」　1863年　山口県文書館（毛利家文庫絵図 34）、67.7×101.3cm

Fig. 12-1: British Admiralty Chart, No. 2347, Preliminary Chart of Japan: Nipon, Kiusiu and Sikok, and a part of the coast of Korea. 1863, Yamaguchi Prefectural Archives (The library of the Mouri, maps 34), 67.7×101.3cm.

図12-2：英国海図2875号「日本、瀬戸内または内海」1862年刊行、1863年修正、山口県文書館（軸物追 90）、66.6×102.2cm

Fig.12-2: British Admiralty Chart, No. 2875, Japan: Seto or Inland Sea. 1862, correction in 1863, Yamaguchi Prefectural Archives（Jikumono, supplement 90）, 66.6 × 102.2cm..

Maps of Japan Carried across Oceans during the Period of National Seclusion, 1636-1854

Early modern maps of Japan carried across oceans to Europe and their reproductions printed in Western countries attract our attention because they may have exited Westerners' imaginations concerning this closed country. At the same time, they seem to have enjoyed these exotic materials from the country Marco Polo described first.

However we should be sensitive to the fact that the use of Japanese maps in Europe changed along with the transition in mapmaking in Japan and the extension of hydrographical surveys by Western ships. These changes suggest that some encounters between Japanese maps and Western cartographers advanced the understanding of the former, even under the strict regime of national seclusion.

The idea for this exhibition came to us from a research work on the reception by Western countries of maps of Japan produced by **Sekisui Nagakubo** (1717-1801). Although his maps of Japan had been very popular internally since their first publication in 1779, researchers thought they had not been carried overseas, in contrast to those of **Tadataka Inō** (1745-1818), which are well known because of their use by **Philip Franz von Schiebold** (1796-1866) and the British Hydrographic Office. However, we found not a few copies of Sekisui Nagakubo's maps in major libraries in Western countries and at the beginning of the 19th century, scholars in Europe had discussed the use of his maps (Kobayashi and Narumi 2018; Narumi and Kobayashi 2019). These findings suggest that it is necessary to review the use of Japanese maps in Europe, making an exhibition of the materials concerned.

Fortunately, we found important maps of Japan made in Europe on the basis of Japanese vernacular maps in several institutions in Japan. In addition, we tried to use the duplication service of major libraries in Western countries to collect images of relevant materials that were unobtainable in Japan. On condition of use in exhibition, we ordered and received digitized images of the maps concerned from the Library of Congress, British Library and Bibliothèque nationale de France. In addition, the library of Leiden University kindly provided a digital image of the map by Sekisui Nagakubo annotated by the Dutch orientalist, **Isaac Titsingh** (1745-1812). Also, the National Archives (Rahvusarhiiv) of Estonia (Tallinn) sanctioned the use of an image of Russian translation of Sekisui Nagakubo's map in its collection, which can be downloaded, on condition of the indication of the correct reference, according to international standards.

In this way, we collected 27 originals from five Japanese institutions and digital images of 19 materials from six foreign institutions for this exhibition. It should be noted that 14 originals are from the Koga City Museum of History, with most being found in the collection of **Senseki Takami** (1785-1858), the high official of the Koga Domain and eminent person who studied Western science by means of the Dutch language. Among them we can find his hand copies of portolano maps of the early 17th century and a map of Russia presented by Nikolai Petrovič Rezanov (1764-1807), the Russian envoy to Japan in 1805. We were surprised not only by his careful copying, but also by his wide vision concerning map collecting.

This exhibition aims to unravel the hidden process of encounters between maps and cartographers, gathering sources in Japan and in Western countries. Duplication services for maps supported this new type of exhibition to compare closely relevant materials. We hope this exhibition will be a chance to promote the study of cartographic encounters in the early modern age.

1. Early Western maps of Japan

From the collection of Senseki Takami, we selected four Western maps of Japan. Among them, **Fig. 1-1** is the most suggestive. This hand copy made in 1833 was noticed because its original was Portuguese, from the study of Nakamura published in *Imago Mundi* (Nakamura 1964). This map shows that portolano maps had been transferred to Japanese merchants who engaged in overseas trade before the period of national seclusion. Senseki Takami also collected Western atlases and maps, especially those printed by Dutch cartographers.

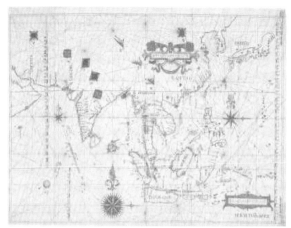

Fig.1-1: A portolano of Asia copied by Senseki Takami in 1833. Koga City Museum of History, 56×80cm, NDICA.

2. Reproduction of Japanese maps in the 18th century

It was noted that maps of Japan printed in Europe had depended on vernacular maps of Japan from the early 18th century (Dahlgren 1911). Two maps were adopted as sources and the reproductions were reprinted many times.

One of them is *Shinpan Daizu Nihon Kaisan Ko Riku Zu* by the ukiyo-e artist, **Tomonobu Ishikawa** (the years of his birth and death are not known) (**Fig. 2-1**). **Fig. 2-2** shows the *Imperivm Japanicvm* produced by the Dutch orientalist, **Adrian Reland** (1676-1718). The shape of the Japanese islands is identical to that in *Shinpan Daizu Nihon Kaisan Ko Riku Zu* (Fig.2-1). However, it is notable that most place names and comments in Fig. 2-1 were omitted because of the lack of knowledge about Japanese writing. Names of provinces written in Chinese characters were transliterated. The original Japanese map seems to have been brought from Japan via the Dutch factory in Nagasaki, according to the comment at the bottom of Fig. 2-2 (Hubbard 2012: 282-288).

Another reproduction was inserted in *The History of Japan* by **Engelbert Kaempfer** (1651-1716) and **Johan Jacob Scheuchzer** (1672-1733) (**Fig. 2-5**). Its original map was *Shinsen Dai Nihon Zukan*, published in 1678 (**Fig. 2-3**). It is noteworthy that in Fig. 2-3, towns along the route from Nagasaki to Edo which Kaempfer had passed were inserted according to his route maps (Walter 1994: pl. 104A-G). He surveyed Dutch diplomats' travel course with big compass concealed in his personal box (Kaempfer 1999: 244).

Images of many examples of this kind of reproduction inserted in Walter (1994: pl. 67-81) and Hubbard (2012: 282-311) show that the reprinting was repeated in Europe for about 100 years.

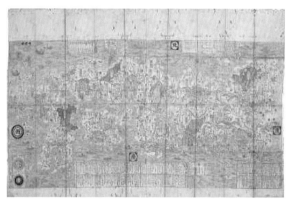

Fig. 2-1: Tomonobu Ishikawa, A new edition of the map of Japan (*Shinpan Daizu Nihon Kaisan Ko Riku Zu*), 1694, Koga City Museum of History, 106×170cm.

Fig.2-2: Adriaan Reland, *Imperivm Japonicum*, 1715. Library of Congress (Call Number: G1015.C68 1761 [in vault, volume 8, Phillips 3448]; LCCN: unk81005074), 54.5×65.8cm

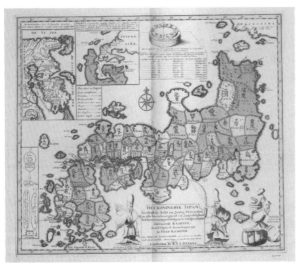

Fig. 2-5: Kempfer/Scheuchzer: The Kingdom of Japan divided into 68 provonces, (*Het Koninkryk Japan Verdeelt in Acht en Zestig Provintien*), Library of Congress (Call Number: G1015.O78 1756 [in Vault, Plate no. 96]; LCCN: unk81017084), ca.1740 (Dutch edition), 42×50.5cm.

Fig. 2-3: A new map of Japan published in 1678, (*Shinsen Dainihon Zukan*). Koga City Museum of History, 65×95cm.

3. New maps of Japan in the 19th century

However, it is not clear which Japanese maps succeeded these sources. Some researchers have inferred that maps of Japan created by the team of Tadataka Inō, an official of the Shogunate's astronomical section, may have been adopted by European cartographers, based on their reproduction by Philip Franz von Siebold (Fujii, 2009; Yonemoto 2016). However we must pay attention to the fact the map of Japan compiled by Siebold, according to that of Inō's team, titled *Karte vom Japanischen Reich nach original Karten und astronomischen Beobachtungen der Japaner,* was published in 1840. We can find new maps of Japan appearing in Europe from the first quarter of the 19th century. A remarkable example is the map titled *Empire of Japan* published in 1835 by the Society for the Diffusion of Useful Knowledge, London (**Fig. 10-1**). It is suggestive that the names of Krusenstern and Kaempfer are printed at the bottom on the left side of this map.

The Russian hydrographer **Adam Johann von Krusenstern** (1776-1846) is famous for his circumnavigation and his *Atlas de l'ocean Pacifique,* in which the *Carte de l'Empire du Japon* (**Fig. 9-1**) and *Carte de l'Isle Iesso* (**Fig. 9-3**) were inserted. The sources of *Empire of Japan* published in 1835 (Fig. 10-1) were these two maps. Fortunately, Krusenstern left commentaries about his charts. One of them, concerning the northern part of the Pacific, informs us about the sources of *Carte de l'Empire du Japon* (Krusenstern 1827: 129-139).

Fig. 10-1: The Society for the Diffusion of Useful Knowledge, *Empire of Japan.* 1835, Osaka University Main Library (Old editions of Western maps of Asia 84), 42.1×34.0cm.

Fig. 9-1: Krusenstern, *Carte de l'Empire du Japon.* 1827, corrected up to 1835, Kinki University Central Library (ID: 10084028), 92.6×72.2 cm.

Fig. 9-3: Krusenstern, *Carte de l'Isle Iesso,.* 1827, corrected up to 1835, Kinki University Central Library (ID: 10084030), 63.4×46.9cm.

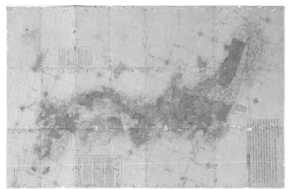

Fig. 3-1: Sekisui Nagakubo: A new edition of the route map of Japan (*Shinkoku [Kaisei] Nihon Yochi Rotei Zenzu*), 1791. Koga City Museum of History, 87×133cm.

According to his comments, he used a large vernacular map of Japan with a grid. East-west lines of this grid are parallels with numerical values of latitude. However north-south lines which were drawn at the same intervals of the parallels have no numerical values, although they look like meridians. This puzzling grid is the distinct feature of the maps of Japan titled *Kaisei Nihon Yochi Rotei Zenzu* by Sekisui Nagakubo (**Fig. 3-1**). Originally a farmer of the Hitachi Province, Eastern Japan, Sekisui Nagakubo made up his mind to pursue his studies on the geography of East Asia and published an epoch-making map of Japan in 1779. This map enjoyed popularity as mentioned above and soon took the place of the maps originally created by Tomonobu Ishikawa, because of the exact and detailed rendering of the Japanese Islands.

4. Isaac Titsingh's transliteration of place names in Sekisui Nagakubo's map of Japan

Although the attention of several Western cartographers and orientalists was attracted to this new map of Japan, they could not transliterate either the title of the map or the name of the creator. In this age, the writing system of the Japanese language was not well known among Westerners. Officials at the V.O.C. Factory in Nagasaki were prohibited from bringing up Dutch interpreters. Accordingly, staff of the factory had to depend heavily on Japanese hereditary interpreters to communicate with the Japanese and to read Japanese books. In addition, the Japanese way of reading Chinese characters was quite different from that of China. The first Westerner interested in Sekisui Nagakubo's map of Japan was the Dutch orientalist, Isaac Titsingh. He served the chief of Nagasaki Factory intermittently from 1779 to 1784 and transliterated place names written on the map with the help of Japanese interpreters. He gave a serial number to each place name on the map and created a table of their phonetic transliteration in Dutch spelling arranged in serial order (**Fig. 7-2**). He prepared at least two sets of maps and tables of this kind. However, he was not able to use them to create a translation of Sekisui Nagakubo's map during his lifetime.

Fig.7-2: Isaac Titsingh, Interpretation of large map of Japan of 67 provinces with annexed islands (*Uitlegging der groote kaart van Japan, of der 67 Landschappen benevens de Eilanden daartoe behorenden*). Koninklijke Bibliotheek (KA 147c), 37.3×23.9cm.

5. Trials of the use of Sekisui Nagakubo's map of Japan

Meanwhile, Western hydrographers attempted to use the map. The earliest confirmed case to date is a chart by **William Robert Broughton** (1762-1821), who carried out an exploratory voyage to East Asia. In August 1797, he was presented with " a very compleat [sic] map of the Japanese islands, with strong injunctions not to acknowledge from whom I [Broughton] procured it" by a Japanese official at the Volcanic Bay of Ezo (Broughton 1804: 272). Broughton used this map to outline the west coast of Japan, which he could not survey (Ritchie 1967: 60). The coastlines of the Japanese islands and the positions of smaller islands in **Fig. 4-3** conform well to those in the map by Sekisui Nagakubo. Broughton's chart attracts our attention because the Japanese islands drawn in the map of Sekisui Nagakubo appear for the first time in a Western chart with longitude and latitude.

The next wss the translation of Sekisui Nagakubo's map of Japan in Russian. In this case, the former castaways from Japan, **Shinzō** from Ise Province (Sinsou or Nikolai Petrovich Kolotygin) and **Zenroku** from Ishinomaki, Mutsu Province (Fedr Stepanovich Kiselev), who were teachers at a Japanese language school in Irkutsk, took charge of the translation (**Fig. 5-1**). Selected place names were transliterated into the Russian alphabet.

The third was the Map of Japan and Kuril by the British map maker, **Aaron Arrowsmith** (1750-1823). Arrowsmith referred to hydrological records by Jean François de La Pérouse (1741-1788) (La Pérouse 1798) and Broughton (Broughton 1804) to locate Japanese islands drawn on the map of Sekisui Nagakubo on his map. He also used unpublished records of the voyage of James Colnett (1753-1806) (Howay ed. 1940) to correct the coastlines of northern Kyushu and north-western Honshu.

Fig. 4-3: Broughton: *Carte de la côte N.E. de l'Asie et des iles du Japon.* (Broughton 1807, Carte I). Library of Congress (LCCN: 05002616), 52.3×66.0cm.

Krusenstern also referred not only to records by La Pérouse and Broughton but also to the map prepared by Shinzō and Zenroku, as well as Arrowsmith's map, for the preparation of the chart inserted his atlas published after his circumnavigation (**Fig. 4-7**) (Kruzenštern 1813).

However he decided to revise this chart after the presentation of Sekisui Nagakubo's map by le Grand-Duc de Weymar (Grossherzog Sachsen-Weimar-Eisenach) and the acquisition of the revised transliteration of the place names of Titsingh, as mentioned above. Concerning this revised transliteration, we must make mention of the work of the German orientalist, **Julius Klaproth** (1783-1835).

Fig. 5-1: General map of Japan translated by Shinzō and Zenroku (Japanese castaways) (*General'naja karta Japonskago Gosudarstva*). 1809, National Archives of Estonia, Tallinn (RA, EAA.1414.2.43.Sheet 63), 90×126cm.

Fig. 4-7: Krusenstern, Chart of Nipon island (Honshū) and Japanese seas (*Karta Ostrova Nipona i Japonskago Morja*). (Kruzenštern 1813, No. 42), Library of Congress (LCCN: 33038062), 43.6×43.6cm.

6. Julius Klaproth's revision of place names in the list prepared by Titsingh

Fig. 8-4: A map of the isles of Japan, drawn by J.H. Klaproth, Blatt 2, British Library (Add MS 11,705), 33.6×48.5cm.

Klaproth met Shinzō in Irkutsk in 1805-1806 on his way to China and learned about the Japanese writing system from him (Klaproth 1829). Klaproth's knowledge of Chinese characters and Sinzō's Japanese vernacular dictionary ("Hayabiki Setsuyō shū") helped this work considerably. Klaproth procured Titsing's map and table for the transliteration of place names of Japan after his death. Klaproth rewrote Titsingh's Dutch spelled transliteration to one with German spelling and made a set of maps to show the locations of place names (**Fig. 8-4**). He then made a new set of maps to rewrite the place names in French spelling and sent them to the depot of maps of the Russian General Staff Office. Krusenstern used this set of maps to prepare the map titled *Carte de l'Empire du Japon* (Fig. 9-1).

7. Diffusion of new maps of Japan based on that of Sekisui Nagakubo

Maps of Japan printed in Europe during the middle of the 19th century are reprints of either the *Carte de l'Empire du Japon* by Krusenstern or the *Map of the Island of Japan, Kurile &c* by Arrowsmith. This implies that Sekisui Nagakubo's map (*Kaisei Nihon Yochi Rotei Zenzu*, Fig.3-1) played an important role as a source of maps of Japan in Europe. The replacement of Tomonobu Ishikawa's maps of Japan by those of Sekisui Nagakubo affected Europe slowly but steadily.

At the same time, we should pay attention to the role of the *Carte de l'Empire du Japon* by Krusenstern as the disseminator. It integrated not only the hydrographical information accumulated up to the early 19th century but also detailed information of place names of Japanese islands based on linguistic works by orientalists such as Titsingh and Klaproth. An international collaboration of scholars concerned barely succeeded in making a good map of the country, which had been closed for a long time.

To review the long lasting efforts to approach the geography of Japan, I compiled the following diagram. It also shows the importance of the *Carte de l'Empire du Japon* by Krusenstern.

Improvements in maps of Japan printed in Europe during the 18th and 19th century

Maps printed in Europe (Figure number)	Correction of coastline	Transliteration of place names
Reland 1715 (Fig. 2-2)	−	+−
Kaempfer/Sceuchzer 1727 (Fig. 2-5)	−	+−
Broughton 1804 (Fig. 4-3)	+	−
Shinzō & Zenroku 1809 (Fig. 5-1)	−	++
Arrowsmith 1811 (Fig. 6-1)	+	+−
Krusenstern 1813 (Fig.4-7)	+	+−
Krusenstern 1827 (Fig.9-1)	++	++

It is not strange that Krusenstern's *Carte de l'Empire du Japon* was adopted as the basis of the first Admiralty chart of Japanese Islands printed in 1855 (**Fig. 10-5**). Compared with the map of Japan published by Siebold in 1840, the *Carte de l'Empire du Japon* seems to have had several advantages, including the representation of longitude and place names. It should also be noted that the adoption of Tadataka Inō's map as the basis of Admiralty chart after 1863 was carried out by correcting its representation of longitude. This new chart was also revised frequently by British hydrographical surveys in Japanese waters, which lasted until 1883.

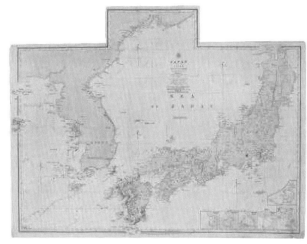

Fig. 10-5: British Admiralty Chart, No. 2347, *Japan: Nipon, Kiusiu and Sikok, and a part of the coast of Korea*. 1855, corrections up to 1862, Yamaguchi Prefectural Archives (The library of the Mouri, maps 29-1),81.2×100.5cm.

Bibliography

Broughton, W.R. 1804. *A Voyage of Discovery to the North Pacific Ocean*. T. Cadell and W. Davies.

Dahlgren, E.W. 1911. *Le débuts de la cartographie du Japan*. Uppsala. (Reprinted in 1977 by Meridian Publishing, Amsterdam).

Fujii, Y. 2009. Nihonzu no hensen to Kenperu, Inō, Shī boruto (The transition of maps of Japan: Kaempfer, Inō, and Siebold). In *Kenperu ya Shī boruto tachi ga mita Kyū shū soshite Nippon*. K. Miyazaki et al eds, 172-181, Kaichō-sha.

Howay, F.W. 1940.*The Journal of Captain James Colnett aboad the Argonaut from April 26, 1789 to Nov. 3, 1791*. The Champlain Society.

Hubbard, J.C. 2012. *Japoniae Insvlae: The Mapping of Japan*. Hes & Graaf.

Kaempfer E. 1999. *Kaempfer's Japan: Tokugawa Culture Observed*(Edited and translated by B. M. Bodart-Bailey). University of Hawaii Press.

Klaproth, J. 1829. Sur l'introduction de l'usage des caractères chinois au Japon, et sur l'origine de différens syllabaires japonais. *Nouveau Journal Asiatique*, 3: 19-48.

Kobayashi, S. and Narumi, K. 2018. Yō roppa ni okeru Nagakubo Sekisui no Nihonzu no Juyou Katei (The reception of maps of Japan by Sekisui Nagakubo [1717-1801] in Eorope). *Chizu: Journal of the Japan Cartographers Association*, 56 (4): 1-17.

Krusenstern (Le Contre-Amiral) 1827. *Recueil de mémoires hydrographiques pur servir d'analyse et d'explication à l'Atlas de l'Océan Pacifique*. De l'imprimerie du département de L'instruction publique (Saint-Pétersbourg).

Kruzenštern 1813. *Atlas " k " Putešestviju voklug " Sveta Kapitana Kruzenšterna*. Gravirovano i Počatano pri Morskoj Tipografii.

La Pérouse, J.F. 1898. *Charts and Plates to La Pérouse's Voyage*. G.G. &J. Robinson.

Nakamura, H. 1964. Japanese portolanos of Portuguese origin of the XVI and XVII centuries. *Imago Mundi*18: 24-44.

Narumi, K. and Kobayashi, S. 2019. The use of Japanese early modern maps by Western cartographers during the nineteenth century. In *Mapping Asia*. edited by Storms, M., Cams, M., Demhardt, I.J. and Ormeling, F., 169-183, Springer. (Publications of the International Cartographic Association)

Ritchie, G.S. 1967. *The Admiralty Chart*. Hollis &Carter.

Walter, L. 1994. *Japan: A Cartographic Vision*. Prestel.

Yonemoto, M. 2016. European career of Ishikawa Ryū sen's map of Japan. In *Cartographic Japan*, edited by K. Wigen, F. Sugimoto and C. Karakas, 37-40, University of Chicago Press.

あとがき

　本書では、江戸時代の日本図をめぐる日本とヨーロッパの交渉をとりあげ、とくに鎖国時代に日本で作られた日本図がヨーロッパに運ばれて、どのように受け取られ、翻訳複製されたかに焦点をあてて検討をくわえました。このきっかけになったのは、長久保赤水の「改正日本輿地路程全図」に関する約50年前の中村拓氏の指摘に接してのことです。中村氏は「赤水図の欧州における評価」(『地理』13巻1号、1968年)という短い論文で、1804〜1805年にレザノフとともに日本に来航したロシア海軍の艦長クルーゼンシュテルンが1827年に刊行した『太平洋アトラス』に掲載した「日本帝国図」の元図として「改正日本輿地路程全図」を使用したことを示したのです。これを読んで当初はそんなことがあったのかという気持ちでした。「日本帝国図」の刊行は、シーボルトによる、よく知られている日本図（「日本人作成による原図および天文観測による日本国地図」、1840年刊）の刊行より10数年も先行します。そこで大いに関心をひかれ、早速関係の文献を調べてみましたが、残念ながらその後この方面では研究がほとんど進んでいませんでした。ここに示しましたのは、おもにそれ以後におこなった作業の成果です。

　ただしこの調査の過程で、ここ50年間この方面の研究が進まなかった背景がわかってきました。まず本書に画像を収録したような古地図の多くは、欧米の大学や主要図書館に分散して収蔵されていて、それらを閲覧する機会が限られていたという事情です。50年前ですと、それらを調査するにはこれらの機関を時間をかけて順に訪れていくほかはありませんでした。その当時、高解像度の画像を遠隔地から見られるインターネットのような便利なシステムはなかったのです。これに対し今では、インターネットを通じて、世界の主要図書館の蔵書目録だけでなく、時には地図そのものの画像をみることもできます。この研究を進めている間に、当時の古地図研究者とは全く違うさまざまな便宜が、私たちに与えられていることを痛感しました。世界の主要図書館のライブラリアンの皆さんと交流するのも簡単です。Eメールを送れば、すぐに返事がえられます。

　ただしここでもう一つ考えておくべきは、研究の視点です。日本の古地図研究は、日本人の世界観や国土観の形成が、地図の変化を通じてどのように把握できるか、という観点から行われてきました。あくまで関心の中心は日本にあり、海外からの影響もその範囲内で調べられてきました。本文ではロシアの使節レザノフが幕府側に贈った地図について触れましたが(図4-4)、そうしたものは日本人の地理的知識に直接関与するものとして、克明に検討されています。しかし日本から流出した地図については、ほとんど関心が寄せられていませんでした。近年になって本書編者の一人、小野寺が中心なってシーボルトが収集した日本図に関する研究がまとめられたところです（小野寺淳ほか2017.『シーボルトが日本で集めた地図』古今書院）。

　本書では、江戸時代に日本から持ち出された地図のなかで、石川流宣の日本図などとともに、とくに長久保赤水の「改正日本輿地路程全図」に関心を集中しました。ただし、こうした関心はまだ始まったばかりで、今後どのように展開していくか、予想が出来ません。今回痛感したのは、19世紀の欧米には、地図やその他の地理情報に関する国際的なネットワークが形成されつつあり、その中で日本の地図がどのように受け取られたか、という見方が必要なことです。インターネットをはじめとする便宜の恩恵が受けられるようになった現在、研究の視点もこのような形で鍛え直していく必要性を感じています。世界の主な図書館に江戸時代の日本図がどのように収蔵されているか調べる、というような基礎的な作業も必要です。今回の作業に際しては馬場章氏の「地図の書誌学：長久保赤水『改正日本輿地路程全図』の場合」(黒田日出男ほか編『地図と絵図の政治文化史』東京大学出版会、2001)や「世界に広がる赤水図」（『ゆずりは』[高萩市文化協会]11、2006）が参考になりました。また最近急速に進歩しているティツィングやクラプロートの研究も参考になりました。

　またこうした成果を古河歴史博物館で展示するという作業を同時に進めましたが、この方面でも参考になることがたくさんありました。今回の展示はそうした意味で大学に勤める研究者と古河歴史博物館のスタッフとの共同作業として見ていただきたいと思います。古河歴史博物館の鷹見泉石収集資料とともに関係資料を展示することにより、日本とヨーロッパの地図をめぐる交流をより広い視野の中に位置づけることができました。この過程でまた、鎖国時代の制約にもかかわらず、鷹見泉石が多様な関心のもとに収集した地図がもつ意義を改めて知ることになりました。

　なお今回の展示では、ヨーロッパやアメリカの図書館・文書館の所蔵図の画像を合わせて展示しています。実物の展示が望ましいことはいうまでもありませんが、長久保赤水の日本図のたどった道を追跡するには、今回このような方法をとる以外にありませんでした。これについてご配慮いただいたアメリカ議会図書館、ライデン大学図書館、オランダ王立図書館、大英図書館、フランス国立図書館、エストニア国立文書館のライブラリアン・アーキビストの皆さんに感謝致します。
また今回の展示に際し、快く貴重な現物を貸与してくださった近畿大学中央図書館、山口県文書館、大阪大学総合図書館にもさまざまなお世話になりました。日本の図書館や文書館にも海外での長久保赤水日本図のたどった道を示す資料がこれだけあることが確認できて、今回の展示が構想されることとなりました。

　末尾になりますが、本展示ならびに図録作製に至る研究については、JSPS科学研究費（基礎研究（A）：24240115；（B）：16H03527）、図録刊行については同（研究成果公開促進費：JP19HP5113）の交付を受けましたことを記し、感謝いたします。

（大阪大学名誉教授・大阪観光大学教授　小林茂）

謝辞

この展覧会を開催するにあたり、つぎの機関ならびに個人の方々にご出品やご協力を賜りました。厚く御礼申し上げます。

機関（50音順）

アメリカ議会図書館（The Library of Congress）
伊能忠敬記念館
エストニア国立文書館、タリン（Rahvusarhiiv on Eesti: National Archives of Estonia）
大阪大学附属図書館
オランダ王立図書館（Koninklijke Bibliotheek）
近畿大学中央図書館
大英図書館（The British Library）
日本地図学会
フランス国立図書館（Bibliothèque nationale de France）
山口県文書館
ライデン大学図書館（Leiden University Library）

個人（敬称略）

上妻秀朗
鷹見本雄

鎖国時代　海を渡った日本図

小林茂・永用俊彦・鳴海邦匡・臼井公宏・小野寺淳・立石尚之　編

令和元年（2019年）7月13日　初版第1刷発行　　　　　　　　　　　　　　　　　　　　　　　　［検印廃止］

発行所　大阪大学出版会
　　　　代表者　三成賢次
　　　　〒565-0871　大阪府吹田市山田丘2-7　大阪大学ウエストフロント
　　　　電話　06-6877-1614
　　　　FAX　06-6877-1617
　　　　URL：http://www.osaka-up.or.jp

印刷所　㈱遊文舎

© S.Kobayashi, et.al. 2019　　　　　　　　　　　　　　　　　　　　　　　　　　　　　　無断転載を禁ず

ISBN 978-4-87259-686-1　　C1025

[JCOPY]〈出版者著作権管理機構 委託出版物〉
本書の無断複製は著作権法上での例外を除き禁じられています。複製される場合は、その都度事前に、出版者著作権管理機構（電話 03-3513-6969、FAX 03-3513-6979、e-mail: info@jcopy.or.jp）の許諾を得てください。

本書は、科学研究費助成事業（科学研究費補助金）の助成を受けて刊行された（「JSPS KAKENHI Grant Number JP19HP5113」）